José Saramago (Azinhaga, 1922 - Tías, Lanzarote, 2010) es uno de los escritores portugueses más conocidos y apreciados en el mundo entero. En España, a partir de la primera publicación de *El año de la muerte de Ricardo Reis,* en 1985, su trabajo literario recibió la mejor acogida de los lectores y de la crítica.

Otros títulos importantes son *Manual de pintura y caligrafía, Levantado del suelo, Memorial del convento, Casi un objeto, La balsa de piedra, Historia del cerco de Lisboa, El Evangelio según Jesucristo, Ensayo sobre la ceguera, Todos los nombres, La caverna, El hombre duplicado, Ensayo sobre la lucidez, Las intermitencias de la muerte, El viaje del elefante* y *Caín.* Alfaguara ha publicado también *Poesía completa, Cuadernos de Lanzarote I* y *II, Viaje a Portugal,* el relato breve *El cuento de la isla desconocida,* el cuento infantil *La flor más grande del mundo,* el libro autobiográfico *Las pequeñas memorias, El Cuaderno* y *José Saramago en sus palabras,* un repertorio de declaraciones del autor recogidas en la prensa escrita. Además del Premio Nobel de Literatura 1998, Saramago fue distinguido por su labor con numerosos galardones y doctorados *honoris causa.*

El viaje del elefante

PRISA EDICIONES

Título original: *A Viagem do Elefante*

2011, Santillana Ediciones Generales, S.L.
Torrelaguna, 60. 28043 Madrid (España)
Teléfono 91 744 90 60
www.puntodelectura.com

ISBN: 978-84-663-1002-4

Primera edición: noviembre 2011

Printed in Italy
Impreso en Italia por Grafica Veneta, S.p.A.,Trebaseleghe PD

José Saramago

El viaje del elefante

Traducción de Pilar del Río

punto de lectura

A Pilar, que no dejó que yo muriera

Siempre acabamos llegando a donde nos esperan.

LIBRO DE LOS ITINERARIOS

Por más incongruente que le pueda parecer a quien no ande al tanto de la importancia de las alcobas, sean éstas sacramentadas, laicas o irregulares, en el buen funcionamiento de las administraciones públicas, el primer paso del extraordinario viaje de un elefante a austria que nos proponemos narrar fue dado en los reales aposentos de la corte portuguesa, más o menos a la hora de irse a la cama. Quede ya registrado que no es obra de la simple casualidad que hayan sido aquí utilizadas estas imprecisas palabras, más o menos. De este modo, quedamos dispensados, con manifiesta elegancia, de entrar en pormenores de orden físico y fisiológico algo sórdidos, y casi siempre ridículos, que, puestos tal que así sobre el papel, ofenderían el catolicismo estricto de don juan, el tercero, rey de portugal y de los algarbes, y de doña catalina de austria, su esposa y futura abuela de aquel don sebastián que irá a pelear a alcácer-quivir y allí morirá en el primer envite, o en el segundo, aunque no falta quien afirme que feneció por enfermedad en la víspera de la batalla. Con ceñuda expresión, he aquí lo que el rey comenzó diciéndole a la reina, Estoy dudando, señora, Qué, mi señor, El regalo que le hicimos al primo maximiliano, cuando su boda, hace cuatro años, siempre me ha parecido indigno de su linaje y méritos, y ahora que lo tenemos aquí tan cerca, en valladolid, como regente de españa, a un tiro de piedra por así decir, me gustaría ofrecerle algo más valioso, algo que llamara la atención, a vos qué os parece, señora, Una custodia estaría bien, señor, he observado que, tal vez por la virtud conjunta de su valor material con su significado espiritual, una custodia es siempre bien recibida por el obsequiado, Nuestra iglesia no apreciaría tal liberalidad, todavía tendrá presente en su infalible memoria las confesas simpatías del primo maximiliano por la reforma de los protestantes luteranos, luteranos o calvinistas, nunca lo supe seguro, Vade retro, satanás, que en tal no había pensado, exclamó la reina, santiguándose, mañana tendré que confesarme a primera hora, Por qué mañana en particular, señora, si es vuestro hábito confesaros todos los días, preguntó el rey, Por la nefanda idea que el enemigo me ha puesto en las cuerdas de la voz, mirad que todavía siento la garganta quemada como si por ella hubiera rozado el vaho del infierno. Habituado a las exageraciones sensoriales de la reina, el rey se encogió de hombros y regresó a la espinosa tarea de descubrir un regalo capaz de satisfacer al archiduque maximiliano de austria. La reina bisbiseaba una oración, comenzaba ya otra, cuando de repente se interrumpió y casi gritó, Tenemos a salomón, Qué, preguntó el rey, perplejo, sin entender la intempestiva invocación al rey de judea, Sí, señor, salomón, el elefante, Y para qué quiero aquí al elefante, preguntó el rey algo enojado, Para el regalo, señor, para el regalo de bodas, respondió la reina, poniéndose de pie, eufórica, excitadísima, No es regalo de bodas, Da lo mismo. El rey aseveró lentamente con la cabeza tres veces seguidas, hizo una pausa y aseveró otras tres veces, al final de las cuales admitió, Me parece una idea interesante, Es más que interesante, es una buena idea, es una idea excelente, insistió la reina con un gesto de impaciencia, casi de insubordinación, que no fue capaz de reprimir, Hace más de dos años que ese animal llegó de la india, y desde entonces no ha hecho otra cosa que no sea comer y dormir, el abrevadero siempre lleno de agua, forraje a montones, es como si estuviéramos sustentando a una bestia que no tiene ni oficio ni beneficio, ni esperanza de provecho, El pobre animal no tiene la culpa, aquí no hay trabajo que sirva para él, a no ser que lo mande a los muelles del tajo para transportar tablas, pero el pobre sufriría, porque su especialidad profesional son los troncos, que se ajustan mejor a la trompa por la curvatura, Entonces que se vaya a viena, Y cómo iría, preguntó el rey, Ah, eso no es cosa nuestra, si el primo maximiliano se convierte en su dueño, que él lo resuelva, suponiendo que todavía siga en valladolid, No tengo noticias de lo contrario, Claro que hasta valladolid salomón tendrá que ir a pata, que buenas andaderas tiene, Y a viena también, no habrá otro remedio, Un tirón, dijo la reina, Un tirón, asintió el rey gravemente, y añadió, Mañana le escribiré al primo maximiliano, si él acepta habrá que concretar fechas y realizar algunos trámites, por ejemplo, cuándo pretende marcharse a viena, cuántos días necesitará salomón para llegar de lisboa a valladolid, de ahí en adelante ya no será cosa nuestra, nos lavamos las manos, Sí, nos lavamos las manos, dijo la reina, pero, en su fuero interno, que es donde se dilucidan las contradicciones del ser, sintió un súbito dolor por dejar que se fuera salomón solo para tan distantes tierras y tan extrañas gentes.

Al día siguiente, por la mañana temprano, el rey mandó llamar al secretario pedro de alcáçova carneiro y le dictó una carta que no le salió bien a la primera, ni a la segunda, ni a la tercera, y que tuvo que ser confiada por entero a la habilidad retórica y al experimentado conocimiento de la pragmática y de las fórmulas epistolares usadas entre soberanos que adornaban al competente funcionario, el cual en la mejor de las escuelas posibles había aprendido, la de su propio padre, antonio carneiro, de quien, por muerte, heredó el cargo. La carta quedó perfecta tanto de letra como de razones, no omitiéndose siquiera la posibilidad teórica, diplomáticamente expresada, de que el regalo pudiera no ser del agrado del archiduque, que tendría, aun así, todas las dificultades del mundo en responder con una negativa, pues el rey de portugal afirmaba, en un párrafo estratégico de la carta, que en todo su reino no poseía nada más valioso que el elefante salomón, ya fuera por el sentimiento unitario de la creación divina que relaciona y emparienta a las especies unas con otras, hasta hay quien dice que el hombre fue hecho con las sobras del elefante, ya fuera por los valores simbólico, intrínseco y mundano del animal. Fechada y sellada la carta, el rey dio orden de que se presentara el caballerizo mayor, hidalgo de su plena confianza, al que le resumió la misiva, luego le ordenó que eligiese una escolta digna de su condición pero, sobre todo, a la altura de la responsabilidad de la misión que le había sido encomendada. El hidalgo le besó la mano al rey, que le dijo, con la solemnidad de un oráculo, estas sibilinas palabras, Que seáis tan rápido como el gavilán y tan seguro como el vuelo del águila, Sí, mi señor. Después, el rey cambió de tono y dio algunos consejos prácticos, No necesitáis que os recuerde que podréis mudar de caballos todas las veces que sean necesarias, las postas no están ahí para otra cosa, no es hora de ahorrar, voy a mandar que refuercen las cuadras, y, ya puestos, si es posible, para ganar tiempo, opino que deberéis dormir sobre vuestro caballo mientras él va galopando por los caminos de castilla. El mensajero no comprendió el burlón juego o prefirió dejarlo pasar, y se limitó a decir, Las órdenes de vuestra alteza serán cumplidas punto por punto, empeño en eso mi palabra y mi vida, y se retiró sin dar la espalda, repitiendo las reverencias cada tres pasos. Es el mejor de los caballerizos, dijo el rey. El secretario decidió callar la adulación que supondría responder que el caballerizo mayor no podría ser ni portarse de otra manera, puesto que había sido escogido personalmente por su alteza. Tenía la impresión de haber comentado algo semejante no hacía demasiados días. Ya en aquel momento le vino a la memoria un consejo del padre, Cuidado, hijo mío, una adulación repetida acabará inevitablemente resultando insatisfactoria, y por tanto será como una ofensa. Así pues, el secretario, aunque por razones diferentes a las del caballerizo mayor, prefirió también callarse. Fue durante este breve silencio cuando el rey dio voz, finalmente, a un cuidado que se le había ocurrido al despertar,

Estaba pensando, creo que debería ir a ver a salomón, Quiere vuestra alteza que mande llamar a la guardia real, preguntó el secretario, No, dos pajes son más que suficientes, uno para los recados y otro para ir a enterarse de por qué no ha regresado todavía el primero, ah, y también el señor secretario, si me quiere acompañar, Vuestra alteza me honra mucho, por encima de mis merecimientos, Tal vez para que pueda merecer más y más, como su padre, a quien dios tenga en gloria, Beso las manos de vuestra alteza, con el amor y respeto con que besaba las suyas, Tengo la impresión de que eso sí que está por encima de mis merecimientos, dijo el rey, sonriendo, En dialéctica y en respuesta rápida nadie gana a vuestra alteza, Pues mire que hay quien va diciendo por ahí que los hados que presidieron mi nacimiento no me dotaron para el ejercicio de las letras, No todo son letras en el mundo, mi señor, visitar al elefante salomón en este día es, como quizá se acabe diciendo en el futuro, un acto poético, Qué es un acto poético, preguntó el rey, No se sabe, mi señor, sólo nos damos cuenta de que existe cuando ha sucedido, Pero yo, por ahora, sólo he anunciado la intención de visitar a salomón, Siendo palabra de rey, supongo que habrá sido suficiente, Creo haber oído decir que, en retórica, a eso lo llaman ironía, Pido perdón a vuestra alteza, Está perdonado, señor secretario, si todos sus pecados son de esa gravedad, tiene el cielo garantizado, No sé, mi señor, si éste será el mejor tiempo para ir al cielo, Qué quiere decir con eso, Viene por ahí la inquisición, mi señor, se han acabado los salvoconductos de confesión y absolución, La inquisición mantendrá la unidad entre los cristianos, ése es su objetivo, Santo objetivo, sin duda, mi señor, resta saber con qué medios lo alcanzará, Si el objetivo es santo, santos serán también los medios de que se sirva, respondió el rey con cierta aspereza, Pido perdón a vuestra alteza, además, Además, qué, Os ruego que me dispenséis de la visita a salomón, siento que hoy no sería una compañía agradable para vuestra alteza, No os dispenso, necesito absolutamente de vuestra presencia en el cercado, Para qué, mi señor, si no estoy siendo demasiado osado al preguntar, No tengo luces para comprender si va a suceder lo que llamó acto poético, respondió el rey con una media sonrisa en que la barba y el bigote dibujaban una expresión maliciosa, casi mefistofélica, Espero vuestras órdenes, mi señor, Siendo las cinco, quiero cuatro caballos a la puerta de palacio, recomendad que el que he de montar sea grande, gordo y manso, nunca he sido de cabalgadas, y ahora todavía menos, con esta edad y los achaques que trae, Sí, mi señor, Y elija bien los pajes, que no sean de esos que se ríen por todo y por nada, me dan ganas de retorcerles el cuello, Sí, mi señor.

Sólo partieron pasadas las cinco y media de la tarde porque la reina, al saber de la excursión que se estaba preparando, declaró que también quería ir. Fue difícil convencerla de que no tenía ningún sentido sacar un coche sólo para ir a belén, que era donde se había levantado el cercado para salomón. Y ciertamente, señora, no querréis ir a caballo, dijo el rey, perentorio, decidido a no admitir ninguna réplica. La reina acató la mal disimulada prohibición y se retiró murmurando que salomón no tenía, en todo portugal, incluso en todo el universo mundo, quien le quisiera más. Así se ve como las contradicciones del ser iban en aumento. Después de haber llamado al pobre animal bestia sin oficio ni beneficio, el peor de los insultos para un irracional a quien en la india hicieron trabajar duramente, sin soldada, años y años, catalina de austria exhibía ahora asomos de paladino arrepentimiento que casi la hacen desafiar, por lo menos en las formas, la autoridad de su señor, marido y rey. En el fondo se trataba de una tempestad en un vaso de agua, una pequeña crisis conyugal que inevitablemente se desvanecerá con el regreso del caballerizo mayor, sea cual sea la respuesta que traiga. Si el archiduque acepta el elefante, el problema se resolverá por sí mismo, o mejor, lo resolverá el viaje a viena, y, si no lo acepta, entonces tendremos que decir, una vez más, con la milenaria experiencia de los pueblos, que, a pesar de las decepciones, frustraciones y desengaños que son el pan de cada día de los hombres y de los elefantes, la vida sigue. Salomón no tiene ninguna idea de lo que le espera, el caballerizo mayor, emisario de su destino, cabalga hacia valladolid, ya repuesto del mal resultado de la tentativa de dormir sobre la montura, y el rey de portugal, con su reducida comitiva de secretario y pajes, está llegando a la playa de belén, enfrente del monasterio de los jerónimos y del cercado de salomón. Dando tiempo al tiempo, todas las cosas del universo acabarán encajando unas en las otras. Ahí está el elefante. Más pequeño que sus parientes africanos, se adivina, sin embargo, bajo la capa de suciedad que lo cubre, la buena figura con que fue contemplado por la naturaleza. Por qué este animal está tan sucio, preguntó el rey, dónde está el tratador, supongo que tendrá un tratador. Se aproximaba ya un hombre de rasgos hindúes, cubierto con ropas que casi se habían convertido en andrajos, una mezcla de piezas de vestuario de origen y fabricación nacional, mal cubierta o cubriendo mal restos de paños exóticos llegados, con el elefante, en aquel mismo cuerpo, hacía dos años. Era el cornaca. El secretario se dio cuenta enseguida de que el cuidador no había reconocido al rey, y, como la situación no estaba para presentaciones formales, Alteza, permitidme que os presente al cuidador de salomón, señor hindú, le presento al rey de portugal, don juan, el tercero, que pasará a la historia con el sobrenombre de piadoso, dio orden a los pajes de que entrasen en el vallado e informasen al inquieto cornaca de los títulos y cualidades del personaje de barbas que le estaba dirigiendo una mirada severa, anunciadora de los peores efectos, Es el rey. El hombre se detuvo, como si hubiese sido fulminado por un rayo, e hizo un movimiento como para escapar, pero los pajes lo sujetaron por los harapos y lo empujaron hasta la valla. Desde lo alto de una rústica escalera de mano, colocada en la parte de fuera, el rey observaba el espectáculo con irritación y repugnancia, arrepentido de haber cedido al impulso matutino de hacerle una visita sentimental a un bruto paquidermo, a este ridículo proboscidio de casi cuatro varas de altura que, así lo quiera dios, en breve descargará sus apestosas excrecencias en la pretenciosa viena de austria. La culpa, por lo menos en parte, le correspondía al secretario, a esa su conversación sobre actos poéticos que todavía le estaba rondando por la cabeza. Miró con aire de desafío al por otras razones estimado funcionario, y éste, como si le hubiese adivinado la intención, dijo, Acto poético, mi señor, es que su alteza haya venido aquí, el elefante es sólo un pretexto, nada más. El rey farfulló cualquier cosa que no pudo ser oída, después dijo en voz firme y clara, Quiero a ese animal limpio ahora mismo. Se sentía rey, era un rey, y la sensación es comprensible si pensamos que nunca dijo una frase igual en toda su vida de monarca. Los pajes le transmitieron al cornaca la voluntad del soberano y el hombre corrió hacia un cobertizo donde se guardaban cosas que parecían herramientas y cosas que tal vez lo fuesen, además de otras que nadie sabría decir para qué servían. Junto al cobertizo se levantaba una construcción de tablas y de teja vana, que debía de ser el alojamiento del tratador. El hombre regresó con un cepillo de raíces de pírgano largo, llenó de agua un balde grande en la artesa que servía de bebedero y se puso manos a la obra. Fue notorio el placer del elefante. El agua y los refriegues del cepillo debían de haberle despertado algún agradable recuerdo, un río en la india, un tronco de árbol rugoso, y la prueba está en que durante todo el tiempo que duró el lavado, una media hora bien contada, no se movió de donde estaba, firme en sus potentes patas, como si hubiera sido hipnotizado. Conocidas como son las excelsas virtudes de la higiene corporal, no sorprendió que en el lugar donde estuvo un elefante apareciera otro. La suciedad que lo cubría antes y que apenas dejaba verle la piel se había esfumado bajo el ímpetu combinado del agua y del cepillo, y salomón se exhibía ahora ante las miradas en todo su esplendor. Bastante relativo, si lo miramos bien. La piel del elefante asiático, y éste es uno de ellos, es gruesa, de color medio ceniza medio café, salpicada de manchas y pelos, una permanente decepción para él mismo, a pesar de los consejos de la resignación, que siempre le indicaba que debía contentarse con lo que era, y diese gracias a vishnú. Se dejaba lavar como si esperase un milagro, como un bautismo, y el resultado estaba ahí, pelos y lunares. Hacía más de un año que el rey no veía al elefante, se le habían olvidado los pormenores, y ahora no le estaba gustando nada el espectáculo que se le ofrecía. Se salvaban los largos incisivos del paquidermo, de una blancura resplandeciente, ligeramente curvos, como dos espadas apuntando hacia delante. Pero lo peor estaba por llegar. De súbito, el rey de portugal, y también de los algarbes, antes en el auge de la felicidad por poder obsequiar nada más y nada menos que a un yerno del emperador carlos quinto, sintió como si estuviera a punto de caerse de la escalera y precipitarse en las fauces insaciables de la ignominia. He aquí lo que el rey se preguntaba a sí mismo, Y si al archiduque no le gusta, si lo encuentra feo, imaginemos que comienza aceptando el regalo, puesto que no conoce al elefante, y después lo devuelve, cómo soportaré la vergüenza de verme despreciado ante las miradas compasivas o irónicas de la comunidad europea. Qué os parece, qué imagen os da el animal, se decidió el rey a preguntarle al secretario, buscando una tabla de salvación que únicamente de ahí le podría llegar, Bonito o feo, mi señor, son meras expresiones relativas, para la coruja hasta sus corujillos son bonitos, lo que veo desde aquí, extrayendo este caso particular de una ley general, es un magnífico ejemplar de elefante asiático, con todos los pelos y lunares a que está obligado por su naturaleza y que deleitará al archiduque y deslumbrará no sólo a la corte y a la población de viena como, por dondequiera que pase, al común de las gentes. El rey suspiró de alivio, Supongo que tendrá razón, Espero tenerla, mi señor, si de la otra naturaleza, la humana, conozco algo, y si vuestra alteza me lo permite, me atrevería a decir que este elefante con pelo y pintas acabará convirtiéndose en un instrumento político de primer orden para el archiduque de austria, si es tan astuto como deduzco por las pruebas que hasta ahora ha dado, Ayudadme a bajar, esta conversación me marea. Con la ayuda del secretario y de los dos pajes, el rey logró descender sin mayores dificultades los pocos peldaños que había subido. Respiró hondo cuando sintió tierra firme debajo de los pies y, sin motivo aparente, salvo, digamos tal vez, ya que todavía es demasiado pronto para saberlo a ciencia cierta, la súbita oxigenación de la sangre y la consecuente renovación de la circulación en el interior de la cabeza, le hizo pensar algo que en circunstancias normales seguramente nunca se le habría ocurrido. Y fue, Este hombre no puede ir a viena con semejante aspecto, cubierto de andrajos, ordeno que le hagan dos trajes, uno para el trabajo, para cuando tenga que andar encima del elefante, y otro de representación social para no hacer mal papel en la corte austriaca, sin lujos, pero digno del país que lo manda, Así se hará, mi señor, Y, a propósito, cómo se llama. Se despachó a un paje para que se enterara, y la respuesta, transmitida por el secretario, dio más o menos lo siguiente, subhro. Subro, repitió el rey, qué demonios de nombre es ése, Con hache, mi señor, por lo menos es lo que él dice, aclaró el secretario, Deberíamos haberlo llamado joaquín cuando llegó a portugal, refunfuñó el rey.

Tres días después, bien entrada la tarde, el caballerizo mayor, al frente de su escolta, bastante menos lucida ahora gracias a la polvareda de los caminos y a los inevitables y malolientes sudores, tanto los equinos como los humanos, desmontó ante la puerta de palacio, se sacudió el polvo, subió la escalera y entró en la antecámara que presurosamente corrió a indicarle el lacayo mayor, título que, mejor es que lo confesemos desde ya, no sabemos si realmente existía en aquel tiempo, pero que nos parece adecuado por la composición del olor corporal, una mezcla de presunción y falsa humildad, que en volutas se desprendía del personaje. Ansioso por conocer la respuesta del archiduque, el rey recibió inmediatamente al recién llegado. La reina catalina estaba presente en el salón de mando, lo que, considerando la trascendencia del momento, a nadie debería sorprender, sobre todo sabiéndose que, por decisión del rey su marido, ella participaba regularmente en las reuniones de estado, donde nunca se comportó como pasiva espectadora. Existía otra razón para querer oír la lectura de la carta nada más llegar, la reina alimentaba la vaga esperanza, aunque no le pareciera plausible la posibilidad, de que la misiva del archiduque maximiliano viniese escrita en alemán, en ese caso la traductora mejor colocada ya estaría allí, al alcance de la mano, si se nos permite la expresión, dispuesta para el servicio. En este intervalo de tiempo, el rey recibió la misiva de manos del caballerizo mayor, él mismo la desenrolló después de desatar las cintas selladas con las armas del archiduque, pero una simple mirada fue suficiente para entender que venía escrita en latín. Ora bien, don juan, el tercero de portugal con este nombre, aunque no ignorante en latines, porque estudios hizo en los años de su juventud, tenía perfecta conciencia de que las inevitables dudas, las pausas demasiado prolongadas, los más que probables errores de interpretación, darían a los presentes una mísera y quizá no merecida imagen de su real figura. Con la agilidad de espíritu que ya le reconocemos y la consecuente fluidez de reflejos, el secretario había dado dos pasos discretos hacia delante y esperaba. En tono natural, como si la marcación de escena hubiera sido ensayada antes, el rey dijo, El señor secretario hará la lectura, traduciendo al portugués el mensaje en el que nuestro amado primo maximiliano ciertamente responde a la oferta del elefante salomón, de todos modos, me parece dispensable hacer una lectura íntegra de la carta, basta con que en este momento conozcamos lo esencial, Así se hará, mi señor. El secretario pasó los ojos sobre las extensas y redundantes fórmulas de cortesía que el estilo epistolar de la época hacía prosperar como setas después de la lluvia, buscó más abajo y encontró. No tradujo, sólo anunció, El archiduque maximiliano de austria acepta y agradece el ofrecimiento del rey de portugal. En el real rostro, entre la masa pilosa formada por la barba y el bigote, asomó una sonrisa de satisfacción. La reina sonrió también, al mismo tiempo que juntaba las manos en un gesto de agradecimiento que, pasando en primer lugar por el archiduque maximiliano de austria, tenía a dios todopoderoso como último destinatario. Las contradicciones que se andaban digladiando en lo íntimo de la reina habían llegado a una síntesis, la más banal de todas, o sea, que nadie puede huir de su destino. Tomando nuevamente la palabra, el secretario dio a conocer, con una voz en que la gravedad monacal del latín parecía resonar en la elocución del portugués corriente en que se expresaba, otras disposiciones que contenía la carta, Dice que no tiene claro en qué momento partirá hacia viena, tal vez a mediados de octubre, pero no es seguro, Y estamos a principios de agosto, anunció innecesariamente la reina, También dice el archiduque, mi señor, que vuestra alteza, si quiere, no necesita esperar a que se aproxime la fecha de partida para mandarle a solimán a valladolid, Qué solimán es ése, preguntó, sulfurado, el rey, todavía no tienen el elefante y ya le quieren mudar el nombre, Solimán, el magnífico, mi señor, el sultán otomano, No sé lo que haría yo sin usted, señor secretario, cómo conseguiría saber quién es ese tal solimán si su brillante memoria no estuviera ahí para ilustrarme y orientarme a todas horas, Pido perdón, mi señor, dijo el secretario. Hubo un silencio embarazoso en que todos los presentes evitaron mirarse. La cara del funcionario, después de un flujo rápido de sangre, estaba ahora lívida. Soy yo quien debe pedirle perdón, dijo el rey, y se lo digo sin ningún constreñimiento, salvo el de mi conciencia, Mi señor, balbuceó pedro de alcáçova carneiro, no soy nadie para perdonarle lo que quiera que sea, Es mi secretario, al que le acabo de faltar al respeto, Por favor, mi señor. El rey hizo un gesto imponiendo silencio, y finalmente dijo, Salomón, que así seguirá llamándose mientras aquí esté, no puede imaginarse las perturbaciones que ha originado entre nosotros desde el día en que decidí entregarlo al archiduque, creo que en el fondo ninguno de los aquí presentes quiere que se vaya, extraño caso, no es gato que se roce en nuestras piernas, no es perro que nos mire como si fuésemos su criador, y, sin embargo, estamos aquí afligidos, casi desesperados, como si algo nos estuviese siendo arrancado, Nadie lo habría expresado mejor que vuestra alteza, dijo el secretario, Regresemos a la cuestión, en qué punto nos habíamos quedado en esta historia del envío de salomón a valladolid, preguntó el rey, Escribe el archiduque que sería bueno que no tardara demasiado, de manera que se vaya habituando al cambio de las personas y del ambiente, la palabra latina utilizada no significa exactamente eso, pero es lo mejor que se me ocurre en este momento, No es necesario que le dé más vueltas, lo entendemos, dijo el rey. Después de un minuto de reflexión añadió, El señor caballerizo mayor tomará la responsabilidad de organizar la expedición, dos hombres para ayudar al cornaca en su trabajo, unos cuantos más para encargarse del abastecimiento de agua y de forraje, un carro de bueyes para lo que sea necesario, transportar la cuba de agua, por ejemplo, aunque sea cierto que en nuestro portugal no van a faltar ni ríos ni arroyos donde salomón pueda beber y enlodazarse, lo malo es esa maldita castilla, seca y reseca como un hueso expuesto al sol, y, como remate, un pelotón de caballería por si se diera el improbable caso de que alguien pretendiera robar a nuestro salomoncito, el caballerizo mayor irá informando del progreso del asunto al señor secretario de estado, a quien le pido disculpas por estar entreteniéndolo con estas trivialidades, No son trivialidades, mi señor, como secretario, este asunto me atañe particularmente porque lo que aquí estamos haciendo es nada más y nada menos que enajenar un bien de estado, Salomón nunca debe de haber pensado que era un bien de estado, dijo el rey con un asomo de sonrisa, Bastaría con que hubiera comprendido que el agua y el forraje no le caen del cielo, mi señor, Por mi parte, intervino la reina, ordeno y mando que a nadie se le ocurra venir a comunicarme que ya se ha ido salomón, yo lo preguntaré cuando lo entienda conveniente, y entonces me darán respuesta. La última palabra apenas se entendió, como si el llanto, súbitamente, hubiese agarrotado su real garganta. Una reina llorando es un espectáculo del que, por decencia, todos estamos obligados a desviar los ojos. Así lo hicieron el rey, el secretario de estado y el caballerizo mayor. Después, cuando hubo salido y se dejó de oír el ruido de sus faldas barriendo el suelo, el rey insistió, Es lo que yo decía, no queremos que salomón se vaya, Vuestra alteza todavía está a tiempo de arrepentirse, dijo el secretario, Arrepentido estoy, creo, pero el tiempo se ha acabado, salomón ya va de camino, Vuestra alteza tiene cuestiones más importantes que tratar, no permita que un elefante se convierta en el centro de sus preocupaciones, Cómo se llama el cornaca, preguntó súbitamente el rey, Subhro, creo, señor, Qué significa, No lo sé, pero puedo preguntarle, Pregúntele, quiero saber en qué manos se va a quedar salomón, Las mismas en las que ya estaba antes, mi señor, permítame que le recuerde que el elefante llegó de la india con este cornaca, Es diferente estar lejos o estar cerca, hasta hoy nunca me había importado saber cómo se llamaba el hombre, ahora sí, Lo comprendo, mi señor, Es lo que me gusta de su persona, no necesita que le digan todas las palabras para que entienda de qué se está hablando, Tuve un buen maestro en mi padre y vuestra alteza no lo es menos, A primera vista el elogio no vale gran cosa, pero siendo su padre la medida me doy por satisfecho, Permite vuestra alteza que me retire, preguntó el secretario, Vaya, vaya a su trabajo, y no se olvide de las ropas nuevas para el cornaca, cómo dijo que se llamaba, Subhro, mi señor, con hache, Bien.

A los diez días de esta conversación, cuando el sol comenzaba a apuntar en el horizonte, salomón salía del cercado donde durante dos años malvivió. La caravana era la que había sido anunciada, el cornaca, que presidía, allá en lo alto, sentado sobre el cuello del animal, los dos hombres para ayudarlo en lo que fuera necesario, los otros que deberían mantener el abastecimiento, el carro de los bueyes con la cuba del agua, que los accidentes del camino constantemente hacían ir y venir de un lado a otro, y un gigantesco cargamento de fardos de forraje variado, el pelotón de caballería que respondería por la seguridad del viaje y la llegada de todos a buen puerto, y, por fin, algo que al rey no se le había ocurrido, el carro de la intendencia de las fuerzas armadas tirado por dos mulas. La hora, tan matutina, y el secreto con que fue organizada la salida explicaban la ausencia de curiosos y otros testigos, aunque tengamos que destacar, sin embargo, la presencia de un carruaje de palacio que se puso en movimiento hacia lisboa cuando elefante y compañía desaparecieron en la primera curva del camino. Dentro iban el rey de portugal, don juan, el tercero, y su secretario de estado, pedro de alcáçova carneiro, a quien tal vez no veamos más, o tal vez sí, porque la vida se ríe de las previsiones y pone palabras donde imaginábamos silencios y súbitos regresos cuando pensábamos que no volveríamos a encontrarnos. Se me ha olvidado el significado del nombre del cornaca, cómo era, preguntó el rey, Blanco, mi señor, subhro significa blanco, aunque no lo parezca. En una cámara del palacio, en la penumbra del dosel, la reina duerme y tiene una pesadilla. Sueña que se han llevado a salomón de belén, sueña que pregunta a todo el mundo, Por qué no me habéis avisado, pero, cuando se decide a despertar, a mitad de la mañana, no repetirá la pregunta ni sabrá decir si, por iniciativa propia, la hará alguna vez. Puede suceder que dentro de dos o tres años alguien, casualmente, pronuncie delante de ella la palabra elefante, y entonces sí, entonces la reina de portugal, catalina de austria, preguntará, Ya que se habla de elefantes, qué ha sido de salomón, todavía está en belén o ya lo mandaron a viena, y cuando le respondan que, estando en viena, donde está es en una especie de jardín zoológico con otros animales salvajes, dirá, haciéndose la despreocupada, Qué suerte acabó teniendo ese animal, gozando la vida en la ciudad más bella del mundo, y yo aquí, aprisionada entre hoy y el futuro, y sin esperanza en ninguno de los dos. El rey, si estuviera presente, hará como que no la ha oído, y el secretario de estado, el mismo pedro de alcáçova carneiro que ya conocemos, aunque no sea persona de rezos, baste recordar lo que dijo de la inquisición y sobre todo lo que consideró prudente callar, lanzará una súplica muda a los cielos para que cubran al elefante con un espeso manto de olvido que le modifique las formas y lo confunda, en las imaginaciones perezosas, con un dromedario cualquiera, animal también de raro aspecto, o con un camello al que la fatalidad de cargar con dos gibas realmente no favorece, y mucho menos lisonjea la memoria de quien se interese por estas insignificantes historias. El pasado es un inmenso pedregal que a muchos les gustaría recorrer como si de una autopista se tratara, mientras otros, pacientemente, van de piedra en piedra, y las levantan, porque necesitan saber qué hay debajo de ellas. A veces les salen alacranes o escolopendras, gruesos gusanos blancos o crisálidas a punto, pero no es imposible que, al menos una vez, aparezca un elefante, y que ese elefante traiga sobre la nuca un cornaca llamado subhro, nombre que significa blanco, palabra esta totalmente desajustada con la figura que, a la vista del rey de portugal y de su secretario de estado, se presentó en el cercado de belén, inmunda como el elefante que debería cuidar. Hay razones para comprender ese dictado que sabiamente nos avisa de que en el mejor paño puede caer una mancha y eso fue lo que les sucedió al cornaca y a su elefante. Cuando fueron lanzados allí, la curiosidad popular subió al límite y la propia corte llegó a organizar selectas excursiones a belén de hidalgos e hidalgas, de damas y de caballeros para ver al paquidermo, pero en poco tiempo el interés comenzó a decaer, y el resultado se vio, las ropas hindúes del cornaca se transformaron en harapos y los pelos y los lunares del elefante casi llegaron a desaparecer bajo la costra de suciedad acumulada durante dos años. No es, sin embargo, la situación de ahora. Quitando la inefable polvareda de los caminos que ya le viene ensuciando las patas hasta la mitad, salomón avanza airoso y limpio como una patena, y el cornaca, aunque sin las coloridas ropas hindúes, reluce en su nuevo traje de trabajo que, para colmo, fuese por olvido, fuese por generosidad, no tuvo que pagar. Escarranchado sobre el encaje del cuello con el tronco macizo de salomón, manejando el bastón con que conduce el paso, ya sea por medio de leves tientos, ya sea con castigadores toques que hacen mella en la piel dura, el cornaca subhro, o blanco, se prepara para ser la segunda o tercera figura de esta historia, siendo la primera, por natural primacía y obligado protagonismo, el elefante salomón, y viniendo después, disputando en valías, ora éste, ora aquél, ora por esto, ora por aquello, el dicho subhro y el archiduque. Sin embargo, quien en este momento lleva la voz cantante es el cornaca. Mirando a un lado y a otro la caravana, se descubre en ella un cierto desaliño, comprensible si tenemos en cuenta la diversidad de animales que la componen, es decir, elefante, hombres, caballos, mulas y bueyes, cada uno con su andadura propia, tanto natural como forzada, pues está claro que en este viaje nadie podrá ir más deprisa que el más lento, y ése, ya se sabe, es el buey. Los bueyes, dijo subhro, súbitamente alarmado, dónde están los bueyes. No se veía sombra de ellos ni de la pesada carga que arrastraban, la cuba llena de agua, los fardos de forraje. Se quedaron atrás, pensó, tranquilizándose, no hay otro remedio que esperar. Se preparaba para deslizarse desde lo alto del elefante, pero desistió. Podía tener necesidad de volver a subir, y no conseguirlo. En principio, era el propio elefante el que lo levantaba con la trompa y prácticamente lo depositaba en el asiento. Con todo, la prudencia mandaba prevenir esas situaciones en que el animal, por mala disposición, por irritación, o sólo para llevar la contraria, se negase a prestar servicio de ascensor, y ahí es cuando la escalera entraría en acción aunque sea difícil de creer que un elefante enfadado acepte convertirse en un simple punto de apoyo y permita, sin ningún tipo de resistencia, la subida del cornaca o de quienquiera que sea. El valor de la escalera era meramente simbólico, como un relicario al pecho o una medallita de una santa cualquiera. En este caso, de todas maneras, la escalera no podría servirle de nada, venía en el carro de los retrasados. Subhro llamó a uno de sus ayudantes para que avisara al comandante del pelotón de caballería de que tenían que esperar al carro de los bueyes. El descanso les haría bien a los caballos, que, digamos la verdad, tampoco habían tenido que esforzarse mucho, ni un solo galope, ni un solo trote, todo a paso corto desde lisboa. Nada que ver con la expedición del caballerizo mayor a valladolid, todavía en la memoria de algunos de los que allí iban, veteranos de esa heroica cabalgada. Los caballeros desmontaron, los hombres de a pie se sentaron o se tumbaron en el suelo, no pocos aprovecharon para dormir. Erguido sobre el elefante, el cornaca hizo cuentas del viaje y no quedó satisfecho. A juzgar por la altura del sol, habrían andado unas tres horas, modo de decir demasiado conciliatorio porque una parte no pequeña de ese tiempo la había empleado salomón en darse chapuzones en el tajo, alternándolos con voluptuosos revolcones en el barro, lo que, a su vez, era motivo, según la lógica elefantina, para nuevos y más prolongados baños. Era evidente que salomón estaba excitado, nervioso, lidiar con él iba a requerir mucha paciencia, sobre todo no tomarlo demasiado en serio. Debemos de haber perdido una hora con las travesuras de salomón, pensó el cornaca, y después, pasando de una reflexión sobre el tiempo a una meditación sobre el espacio, Cuánto camino habremos hecho, una legua, dos, se preguntó. Cruel duda, trascendente cuestión. Si estuviéramos todavía entre los antiguos griegos y romanos, diríamos, con la tranquilidad que siempre confieren los saberes adquiridos en la vida práctica, que las grandes medidas itinerarias eran, en esa época, el estadio, la milla y la legua. Dejando en paz el estadio y la milla, con su división de pies y pasos, fijémonos en la legua, que fue la palabra que subhro empleó, distancia que también se compone de pasos y de pies, pero que tiene la enorme ventaja de colocarnos en tierra conocida. Vamos, vamos, leguas todo el mundo sabe qué son, dirán con la inevitable sonrisa de ironía fácil los contemporáneos que nos han cabido en suerte. La mejor respuesta que podemos darles es la siguiente, Sí, también todo el mundo lo sabía en la época en que vivió, pero sólo y únicamente en la época en que vivió. La vieja palabra legua, o leuga, que, podría decirse, parece igual para todos y durante todos los tiempos, por ejemplo hizo un largo viaje desde los siete mil quinientos pies y quinientos pasos que tuvo entre los romanos y la baja edad media hasta los kilómetros y metros con que hoy dividimos la distancia, nada menos que cinco y cinco mil, respectivamente. Encontraríamos casos similares en cualquier área de medición. Y para no dejar la afirmación sin prueba, contemplemos el almud, medida de capacidad que se dividía en doce celemines o cuarenta y ocho cuartillos, y que en lisboa equivalía, en números redondos, a dieciséis litros y medio, y, en oporto, a veinticinco litros. Y cómo se entendían entre ellos, preguntará el lector curioso y amante del saber, Y cómo nos entenderemos nosotros, pregunta, huyendo de la respuesta quien trajo a la conversación este asunto de pesos y medidas. Asunto que, una vez expuesto con esta meridiana claridad, nos permitirá adoptar una decisión absolutamente crucial, en cierta manera revolucionaria, a saber, en tanto el cornaca y quienes lo acompañan, porque no tendrían otra manera de entenderse, seguirán hablando de distancias de acuerdo con los usos y costumbres de su tiempo, nosotros, para que podamos entender lo que allí va pasando en esta materia, usaremos nuestras modernas medidas itinerarias, sin tener que recurrir constantemente a fastidiosas tablas de conversión. En el fondo será como si a una película, desconocida en aquel siglo dieciséis, le estuviésemos poniendo subtítulos en nuestra lengua para suplir la ignorancia o un insuficiente conocimiento del idioma hablado por los actores. Habrá por tanto en este relato dos discursos paralelos que nunca se encontrarán, uno, éste, que podremos seguir sin dificultad, y otro que, a partir de este momento, entra en el silencio. Interesante solución.

Todas estas observaciones y cogniciones hicieron que el cornaca bajara finalmente del elefante, deslizándose por la trompa, y se encaminara con voluntarioso paso hacia el pelotón de caballería. Era fácil distinguir dónde se encontraba el comandante. Se veía allá una especie de toldo que estaría protegiendo del castigador sol de agosto a un personaje, por tanto la conclusión era facilísima de sacar, si había un toldo, había un comandante debajo, si había un comandante, tendría que haber un toldo para cubrirlo. El cornaca llevaba una idea que no sabía bien cómo introducir en la conversación, pero el comandante, sin saberlo, le facilitó el trabajo, Qué pasa con esos bueyes, aparecen o no aparecen, preguntó, Sepa vuestra señoría que todavía no los veo, pero por el tiempo transcurrido deben de estar llegando, Esperemos que así sea. El cornaca respiró hondo y dijo con la voz ronca de la emoción, Si vuestra señoría me lo permite, he tenido una idea, Si ya la has tenido no necesitas de mi autorización, Vuestra señoría tiene razón, pero yo, el portugués, lo hablo mal, Dime ya entonces cuál es esa idea, Nuestra dificultad está en los bueyes, Sí, todavía no han aparecido, Lo que quiero decirle a vuestra señoría es que el problema seguirá incluso después de que hayan aparecido, Por qué, Porque los bueyes andan despacio por naturaleza, mi señor, Hasta ahí, ya lo sé, y sin necesitar a ningún hindú, Si tuviésemos otra yunta de bueyes y la unciéramos al carro delante de la que llevamos, andaríamos seguramente más deprisa y todos al mismo tiempo, La idea me parece buena, pero dónde vamos a encontrar una yunta de bueyes, Por ahí hay aldeas, mi comandante. El comandante frunció la frente, no podía negar que había aldeas por ahí, se podría comprar una yunta de bueyes. Comprar, se preguntó, nada de eso, se requisan los bueyes en nombre del rey y al regreso de valladolid los dejamos, en tan buen estado como espero que estén ahora. Se oyó un clamor, los bueyes habían aparecido finalmente, los hombres aplaudían y hasta el elefante levantó la trompa y soltó un barrito de satisfacción. La mala vista no le permitía distinguir los fardos de forraje desde tan lejos, pero en la inmensa caverna de su estómago retumbaban las protestas de que la hora de comer ya estaba más que pasada. Esto no significa que los elefantes deban alimentarse a horas exactas como se dice que, por el bien que hace a la salud, les conviene a los seres humanos. Por asombroso que parezca, un elefante necesita diariamente cerca de doscientos litros de agua y entre ciento cincuenta y trescientos kilos de vegetales, no podemos imaginarlo con una servilleta al cuello, sentado ante una mesa, haciendo sus tres comidas diarias, un elefante come lo que puede, cuando puede y donde puede, y su principio es no dejar nada detrás que pueda hacerle falta después. Fue necesario esperar todavía casi media hora antes de que el carro de bueyes llegase, en ese tiempo, el comandante dio orden de acampar, pero se necesitó buscar para tal un sitio menos castigado por el sol, antes de que militares y paisanos acabaran transformados en torreznos. A unos quinientos metros se encontraba una pequeña mata de chopos y hacia allí se encaminó la compañía. Las sombras eran ralas, pero mejor ese poco que permanecer asándose bajo la inclemente chapa del astro rey. Los hombres que vinieron para trabajar, y a quienes hasta ahora no se les ha ordenado gran cosa, por no decir nada de nada, traían su comida en las alforjas o en los zurrones, lo mismo de siempre, un trozo de pan grande, unas sardinas arenques, unos higos secos, una pieza de queso de cabra, de ese que cuando se endurece se pone como una piedra, y que, en rigor, no se deja masticar, lo vamos royendo con paciencia y con la ventaja de disfrutar durante más tiempo del sabor del manjar. En cuanto a los militares, ellos llevaban su arreglo. Un soldado de caballería que, espada desenvainada o lanza en ristre, galopa a la carga contra el enemigo, o que simplemente lleva un elefante a valladolid, no tiene que preocuparse con los asuntos de intendencia. No le interesa preguntar de dónde viene la comida ni quién la ha preparado, lo que cuenta es que la escudilla venga llena y el contenido no sea intragable del todo. Dispersas, en grupos, ya todas las personas están ocupadas en sus actividades masticatorias y deglutorias, sólo falta salomón. Subhro, el cornaca, mandó llevar dos fardos de forraje hasta donde él está esperando su vez, desatarlos y dejarlo tranquilo, Si es necesario, se le trae otro fardo, dijo. Esta descripción, que a muchos les parecerá sobreabundante por el tanto pormenorizar al que deliberadamente recurrimos, tiene un fin útil, el de activar la mente de subhro para que llegue a una conclusión optimista sobre el futuro del viaje, Puesto que, pensó finalmente, salomón tendrá que comer tres o cuatro fardos por día, el peso de la carga se irá aliviando, y si, para colmo, conseguimos la tal yunta de bueyes, entonces, por muchas montañas que nos salgan al paso, no va a haber quien nos detenga. Con las buenas ideas, y a veces también con las malas, pasa lo mismo que con los átomos de demócrito o con las cerezas de la cesta, vienen enganchadas unas a otras. Al imaginar los bueyes tirando del carro por una ladera empinada, subhro se dio cuenta de que se cometió un error en la composición original de la caravana y que ese error no fue corregido durante el tiempo que duró la caminata, falta de la que se consideraba responsable. Los treinta hombres que vinieron como ayudantes, subhro se tomó la molestia de contarlos uno por uno, no habían hecho nada desde la salida de lisboa, salvo aprovechar la mañana para un paseo por el campo. Para desatar y arrastrar los fardos de forraje serían más que suficientes los auxiliares directos, y, en caso de necesidad, él mismo podría echar una mano. Qué hacer entonces, devolverlos, librarme de este peso, se preguntó subhro. La idea sería buena si no hubiese otra mejor. El pensamiento abrió una sonrisa resplandeciente en la cara del cornaca. Dio un grito llamando a los hombres, los reunió ante sí, algunos todavía venían masticando el último higo seco, y les dijo, A partir de ahora, divididos en dos grupos, ahí unos y ahí otros, darán ayuda al carro de los bueyes, tirando y empujando, está visto que la carga es demasiada para los animales, que además son lentos por naturaleza, de dos en dos kilómetros los grupos se irán relevando, éste será vuestro principal trabajo hasta llegar a valladolid. Hubo un murmullo que tenía todo el aspecto de ser de descontento, pero subhro hizo como que no lo oía, y continuó, Cada grupo será gobernado por un capataz que, además de responder ante mí por los buenos resultados del trabajo, tendrá que mantener la disciplina y desarrollar el espíritu de cohesión siempre necesarios para cualquier tarea colectiva. El lenguaje no debió de agradar a los oyentes, pues el murmullo se repitió, Muy bien, dijo subhro, si alguien no está satisfecho con las órdenes que acabo de dar, que se dirija al comandante, él es la suprema autoridad aquí, como representante del rey. El aire pareció haberse enfriado de repente, el murmullo se sustituyó por un arrastrar confuso de pies. Subhro preguntó, Quién se propone para capataz. Se levantaron tres manos dubitativas, y el cornaca precisó, Dos capataces, no tres. Una de las manos se encogió, desapareció, las otras permanecieron levantadas. Tú y tú, apuntó subhro, escoged a vuestros hombres, pero hacedlo de una manera equitativa, para que las fuerzas de los dos grupos queden equilibradas, y ahora a dispersarse, necesito hablar con el comandante. Antes, sin embargo, todavía tuvo que atender a sus auxiliares, que se aproximaron para dar cuenta de que habían abierto otro fardo de forraje, pero que salomón parecía satisfecho, y según todos los indicios, con ganas de dormir, No me asombra, comió bien y ésta suele ser la hora de su siesta, Lo malo es que se ha bebido casi toda el agua del abrevadero, Después de haber comido tanto, es lógico, Podemos llevar los bueyes hasta el río, debe de haber por ahí un camino, No se la bebería, el agua, a esta altura del río, todavía es salada, Cómo lo sabe, preguntó el auxiliar, Salomón se bañó varias veces, la última aquí cerca, y nunca metió la trompa para beber, Si el agua del mar llega hasta donde estamos eso muestra el poco camino que hemos recorrido, Es cierto, pero, a partir de hoy, puedes tener la seguridad de que iremos más deprisa, palabra de cornaca. Dejando atrás este solemne compromiso subhro fue en busca del comandante. Lo encontró durmiendo a la sombra de un chopo más frondoso, con ese sueño leve que distingue al buen soldado, pronto para saltar sobre sus armas al mínimo ruido sospechoso. Le hacían guardia dos militares que, con gesto imperativo, mandaron parar a subhro. Éste hizo una señal de que había entendido y se sentó en el suelo, a la espera. El comandante se despertó media hora después, se desperezó y bostezó, volvió a bostezar, volvió a desperezarse, hasta que se sintió efectivamente despierto para la vida. Incluso así tuvo que mirar dos veces para ver que el cornaca estaba allí, Qué quieres ahora, preguntó con voz ronca, no me digas que has tenido otras ideas, Sepa vuestra señoría que sí, Dime, He dividido en dos grupos a los hombres que, de dos en dos kilómetros, alternándose, ayudarán a los bueyes, quince hombres cada vez empujando el carro, se va a notar la diferencia, Bien pensado, no hay duda, veo que lo que tienes sobre los hombros te sirve para algo, los que acabarán ganando serán mis caballos, que podrán trotar de cuando en cuando, en vez de ir como pasmados a paso de desfile, Sepa vuestra señoría que también he pensado en eso, Y has pensado en algo más, te lo leo en la cara, preguntó el comandante, Sepa vuestra señoría que sí, Vamos a ver, Mi idea es que deberíamos organizarnos en función de los hábitos y necesidades de salomón, ahora mismo, mire vuestra señoría, está durmiendo, si lo despertáramos se irritaría y sólo nos daría problemas, Pero cómo puede dormir si está de pie, preguntó incrédulo el comandante, A veces se tumba para dormir, pero lo normal es que lo haga de pie, Creo que nunca entenderé a los elefantes, Sepa vuestra señoría que yo vivo con ellos casi desde que nací y todavía no he conseguido entenderlos, Y eso por qué, Tal vez porque el elefante sea mucho más que un elefante, Basta de charlas, Es que todavía tengo otra idea para presentarle, mi comandante, Otra idea, rió el militar, va a ser que tú no eres cornaca, eres una cornucopia, Favor que me hace vuestra señoría, Qué más has producido en esa tu cabeza privilegiada, Se me ha ocurrido que iríamos mejor organizados si vuestra señoría fuese detrás con los soldados cerrando la caravana, yendo delante el carro de los bueyes por ser el que marca el paso de avance, después yo con el elefante, a continuación, los de a pie, y el carro de intendencia. Muy bien, eso se llama una idea, Así me lo parece, Una idea estúpida, quiero decir, Por qué, preguntó subhro, ofendido, sin darse cuenta de la gravísima falta de educación, una auténtica ofensa, que la interpelación directa representaba, Porque mis soldados y yo iríamos tragándonos el polvo que vuestras patas levantaran, Ah, qué vergüenza, debería haber pensado en eso y no lo pensé, ruego a vuestra señoría, por todos los santos de la corte del cielo, que me perdone, Así podremos hacer un galope de vez en cuando y esperar más adelante a que lleguéis, Sí, mi señor, es la solución perfecta, permitís que me retire, preguntó subhro, Todavía tengo dos cuestiones para tratar contigo, la primera es que si vuelves a preguntarme por qué, en el tono en que lo has hecho ahora, daré orden de que te den una buena ración de chicote en el lomo, Sí, señor, murmuró subhro con la cabeza baja, La segunda tiene que ver con esa tu cabecita y con el viaje que apenas ha comenzado, si en esa testorra todavía quedan algunos restos de ideas aprovechables, me gustaría saber si es tu voluntad que nos quedemos aquí eternamente, hasta la consumación de los siglos, Salomón todavía duerme, mi comandante, Ahora resulta que quien gobierna aquí es el elefante, preguntó el militar entre irritado y divertido, No, mi comandante, seguro que recordáis que os dije que nos deberíamos organizar en función, confieso que no sé de dónde me salió esta palabra, de los hábitos y necesidades de salomón, Sí, y qué, preguntó el comandante, que ya perdía la paciencia, Es que, mi comandante, salomón, para estar bien, para que podamos entregarlo con buena salud al archiduque de austria, tendrá que descansar en las horas de calor, De acuerdo, respondió el comandante, levemente perturbado con la referencia al archiduque, pero la verdad es que no ha hecho otra cosa en todo el santo día, Este día no cuenta, mi comandante, ha sido el primero, y ya se sabe que en el primer día las cosas siempre suceden mal, Entonces, qué hacemos, Dividimos los días en tres partes, la primera, desde la mañana temprano, y la tercera, hasta la puesta de sol, para avanzar lo más deprisa que podamos, la segunda, esta en que estamos, para comer y descansar, Me parece un buen programa, dijo el comandante, optando por la benevolencia. El cambio de tono animó al cornaca a expresar la inquietud que lo venía atormentando durante todo el día, Mi comandante, hay algo en este viaje que no entiendo, Qué es lo que no entiendes, A lo largo de todo el camino no nos hemos cruzado con nadie, en mi modesta opinión esto no es normal, Estás equivocado, nos hemos cruzado con bastantes personas, tanto en una dirección como en otra, Cómo, si no he visto a nadie, preguntó subhro con los ojos agrandados por el asombro, Estabas bañando al elefante, Quiere decir que cada vez que salomón se estaba bañando pasó gente, No me hagas repetir las cosas, Extraña coincidencia, podría decirse que salomón no quiere que lo vean, Podría ser, sí, Pero ahora, estando aquí acampados desde hace no pocas horas tampoco ha pasado nadie, Ahí la razón es otra, la gente ve al elefante de lejos como una visión, y da marcha atrás o se mete por atajos, seguramente creen que es algún enviado del diablo, Siento la cabeza tonta, hasta llegué a pensar que el rey nuestro señor hubiera mandado despejar los caminos, No eres tan importante como para eso, cornaca, Yo no, pero salomón sí. El comandante prefirió no responder a lo que parecía el principio de una nueva discusión y dijo, Antes de que te vayas quiero hacerte una pregunta, Soy todo oídos, Recuerdas que has invocado hace un poco a todos los santos de la corte del cielo, Sí, mi comandante, Quiere eso decir que eres cristiano, piensa bien antes de responder, Más o menos, mi comandante, más o menos.

Luna llena, luz de agosto. Con la excepción de los dos centinelas que, sobre sus caballos, sin otro ruido que el crujir de las guarniciones, hacen la ronda del campamento, toda la caravana duerme. Gozan de un descanso más que merecido. Después de haber dado, durante la primera parte del día, la mala impresión de una banda de vagabundos y de perezosos, los hombres alistados para empujar el carro de los bueyes demostraron bríos y dieron una auténtica lección de profesionalidad. Es cierto que el terreno plano ayudaba mucho, pero se podía apostar, con la seguridad de ganar, que en la venerable historia de aquel carro de bueyes nunca hubo otra jornada así. En las tres horas y media que duró la caminata, y a pesar de algunos breves descansos, avanzaron más de diecisiete kilómetros. Éste fue el número finalmente apuntado por el comandante del pelotón después de un vivo intercambio de palabras con el cornaca subhro, que consideraba que no habían sido tantos y que no merecía la pena engañarse a uno mismo. El comandante pensaba que sí, que era estimulante para los hombres, Qué importancia tiene que hayamos andado sólo catorce, los tres que faltan los recorreremos mañana y al final verás que todo se acaba ajustando. El cornaca desistió de convencerlo, Era lo mejor que podía hacer, pensó, aunque sus cuentas falsas prevalezcan, eso no alterará la realidad de los kilómetros que realmente hayamos recorrido, no discutas con quien manda, subhro, aprende a vivir.

Se acababa de despertar, todavía con la impresión de haber tenido un dolor agudo en el vientre mientras dormía, que quizá no llegara a repetirse, aunque sentía el interior sospechosamente alborozado, unos borborigmos sordos en los intestinos, cuando, de repente, el dolor regresó como una puñalada. Se levantó como pudo, hizo señal al centinela más próximo de que iba ahí y ya volvía, y comenzó a subir hacia una hilera frondosa de árboles la pendiente suave en que acamparon, tan suave que era como si estuvieran tumbados en una cama con la parte de la cabecera ligeramente levantada. Llegó en el último segundo. Desviemos la vista mientras él se libra de la ropa, que, milagrosamente, todavía no ha ensuciado, y esperemos a que levante la cabeza para que vea lo que ya nosotros habíamos visto, esa aldea bañada por la maravillosa luz de luna de agosto que modelaba todos los relieves, suavizaba las propias sombras que había creado y al mismo tiempo hacía resplandecer las zonas que iluminaba. La voz que estábamos aguardando se manifestó por fin, Una aldea, una aldea. Probablemente por llegar cansados, a nadie se le ocurrió la idea de subir la pendiente para ver lo que había al otro lado. Es cierto que siempre es tiempo de ver una aldea, si no es una es otra, pero lo dudoso es que en la primera que encontremos haya a nuestra espera una potente yunta de bueyes, capaz de enderezar la torre de pisa con un solo tirón. Aliviado de las mayores, el cornaca se limpió lo mejor que pudo con las hierbas que crecían alrededor, mucha suerte tuvo de que no hubiera por allí ortigas, también llamadas moheñas, que ésas le hubieran hecho saltar como si sufriera el baile de san vito, tan fuertes serían las escoceduras y los picores que le atacarían la delicada mucosa inferior. Una nube densa tapó la luna, y la aldea de pronto se tornó negra, se sumergió como un sueño en la oscuridad circundante. No importaba, el sol rompería a su hora y mostraría el camino hasta el establo, donde los bueyes, ahora rumiando, tendrían presentimientos de cambio de vida. Subhro atravesó la espesa línea de árboles y regresó a su lugar en la acampada común. Por el camino pensó que si el comandante estuviera despierto le daría, por hablar en términos planetarios, la mayor satisfacción del mundo. Y la gloria de haber descubierto la aldea sería mía, murmuró. Porque no valía la pena alimentar ilusiones. Durante el tiempo que todavía le faltaba a la noche para pasar, otros hombres podían tener necesidad de hacer de cuerpo y el único sitio donde podrían recogerse con discreción era entre aquellos árboles, pero, suponiendo que tal cosa no llegase a suceder, bastaba sólo con esperar a que amaneciera para asistir al desfile de cuantos tuvieran que obedecer a los imperativos de los intestinos y de la vejiga. Esto, en el fondo, es lo propio de los animales, no es de extrañar. Sin acabar de aceptar la situación, el cornaca decidió hacer un desvío por la parte donde el comandante dormía, quién sabe, las personas a veces tienen insomnios, se despiertan angustiadas porque en su sueño creyeron que estaban muertas, o entonces es una chinche, de las muchas que se esconden en los dobladillos de las mantas, que acude a chupar la sangre del durmiente. Quede ya registrada la información de que la chinche fue la inconsciente inventora de las transfusiones. Esperanza frustrada, el comandante dormía, y no sólo dormía, sino que roncaba. Un centinela se acercó para preguntarle al cornaca qué era lo que hacía allí, y subhro respondió que tenía un recado que darle al comandante, pero, puesto que estaba durmiendo, él también regresaría a su cama, A estas horas no se le dan recados a nadie, se espera a que amanezca, Es importante, respondió el cornaca, pero, como dice la filosofía del elefante, si no puede ser no puede ser, Si quieres darme el recado a mí, yo lo informo en cuanto él se despierte. El cornaca hizo cuentas de las probabilidades favorables y pensó que valía la pena apostar por esta única carta, la de que el comandante ya hubiera sido informado por el centinela de la existencia de la aldea cuando, con la primera luz de la mañana, se oyese el grito, Albricias, albricias, ahí hay una aldea. La dura experiencia de la vida nos ha demostrado que no es aconsejable confiar demasiado en la naturaleza humana, en general. A partir de ahora, quedamos sabiendo que, por lo menos para guardar secretos, tampoco nos debemos fiar del arma de caballería. Ocurrió que antes de que el cornaca hubiera regresado al sueño ya el otro centinela estaba al tanto de la noticia, y enseguida los soldados que dormían más cerca. La excitación fue enorme, uno de ellos llegó a proponer que se hiciera un reconocimiento a la aldea con el objetivo de obtener informaciones presenciales que robustecieran, por la autenticidad de la respectiva fuente, la estrategia que se adoptaría a la mañana siguiente. El temor de que el comandante despertara, se levantase del jergón y no viera a ninguno de los soldados, o, peor todavía, viera a unos y no a otros, les hizo desistir de la prometedora aventura. Las horas pasaron, una pálida claridad de oriente comenzó a diseñar la curva de la puerta por donde el sol tendría que entrar, al mismo tiempo que en el lado opuesto la luna se dejaba caer suavemente en los brazos de otra noche. Estábamos en esto, atrasando el momento de la revelación, dudando aún si no habría otro modo de encontrar una solución más dramática, o, lo que sería miel sobre hojuelas, con más potencia simbólica, cuando se oyó el fatal grito, Una aldea. Absortos en nuestras elucubraciones, no nos dimos cuenta de que un hombre se había levantado y subido la pendiente, pero ahora, sí, lo vemos aparecer entre los árboles, le oímos repetir el triunfal anuncio, aunque sin pedir albricias, como habíamos imaginado, Una aldea. Era el comandante. El destino, cuando le da por ahí, es capaz de escribir en líneas torcidas tan bien como dios, o mejor aún. Sentado en su manta, subhro pensó, Mejor así, lo otro hubiera sido peor, a él siempre podría decirle que se levantó de noche y que fue el primero en ver la aldea. Se arriesgaría a que el comandante le preguntara con sorna en la voz, como sabemos que preguntará, Y testigos, tienes, a lo que él sólo podrá responder metiendo, metafóricamente hablando, el rabo entre las piernas, Negativo, mi comandante, estaba solo, Lo habrás soñado, Y tanto que no lo soñé que le di información a uno de los soldados que estaban de guardia para cuando mi comandante despertara, Ningún soldado habló conmigo,

Pero, mi comandante, puede hablar con él, yo le digo quién es. El comandante reaccionó mal a la propuesta, Si no te necesitara para conducir al elefante, te mandaba ya a lisboa, imagina la situación en que te ibas a colocar, sería tu palabra contra la mía, saca de ahí una conclusión, a no ser que quieras que te deporten a la india. Resuelta la cuestión de saber quién fue, oficialmente, el primero en descubrir la aldea, el comandante se disponía a dar la espalda al cornaca, cuando éste dijo, Lo principal no es eso, lo principal es saber si habrá ahí una yunta de bueyes capaz, No tardaremos en saberlo, tú preocúpate de tus asuntos, que yo me encargo del resto, Vuestra señoría no quiere que vaya a la aldea, preguntó subhro, No, no quiero, me basta con el sargento, para acabar de componer el grupo, y el boyero. Subhro pensó que, al menos por una vez, el comandante tenía razón. Si alguien, por derecho natural, tenía allí un papel, era el boyero. El comandante ya iba hacia allí, dando instrucciones a un lado y a otro, al sargento, al personal de intendencia, que era su intención poner a trabajar para abastecer de comida suficiente a los hombres de carga, que en nada de tiempo perderían las fuerzas de seguir alimentándose de higos secos y pan enmohecido, Quien diseñó la estrategia de este viaje se ha lucido, y bien, los mandamases de la corte deben de pensar que la gente puede vivir sólo del aire que respira, murmuró entre dientes. El campamento ya estaba levantado, se enrollaban mantas, se ordenaban herramientas, que las había en cantidad, la mayor parte probablemente nunca tendrían uso, salvo si el elefante se resbalara por un barranco y fuese necesario sacarlo con un cabestrante. La idea del comandante era ponerse en marcha cuando, con yunta de bueyes o sin yunta de bueyes, regresase de la aldea. El sol ya se había despegado de la línea del horizonte, era día claro, apenas unas pocas nubes flotaban en el cielo, ojalá no haga demasiado calor, se derriten los músculos, a veces parece que hasta el sudor se va a poner a hervir en la piel. El comandante llamó al boyero, le explicó a lo que iban y le recomendó que observase bien a los animales, si los hubiera, porque de ellos dependería la rapidez de la expedición y un pronto regreso a lisboa. El boyero dijo que sí señor dos veces aunque a él poco le importase, no vivía en lisboa, sino en una aldea no demasiado lejana llamada mem martins, o algo parecido. Como el boyero no sabía cabalgar, un caso flagrante, como se ve, de las consecuencias negativas de una excesiva especialización profesional, montó con dificultad en la grupa del caballo del sargento y así fue, rezando, con una voz que ni él mismo conseguía oír, un interminable padrenuestro, oración de su especial estima por aquello que se dice de perdonar nuestras deudas. Lo malo, que está en todo, y a veces hasta deja el rabo fuera para que no nos hagamos ilusiones acerca de la naturaleza del animal, viene en la frase siguiente, cuando se dice que es nuestra obligación de cristianos perdonar a nuestros deudores. El pie ya no entra en la zapatilla, o una cosa u otra, protestaba el boyero, si unos perdonan y otros no pagan lo que deben dónde está el beneficio del negocio, se preguntaba. Entraron en la primera calle de la aldea que encontraron, aunque fuese señal de espíritu delirante llamar a aquello calle, era un camino lo más parecido en su tiempo a una montaña rusa, y a la primera persona que encontraron el comandante le preguntó cómo se llamaba y dónde vivía el principal labrador del sitio. El hombre, un viejo labriego con la azada sobre los hombros, conocía las respuestas, El principal es el señor conde, pero no está aquí, El señor conde, repitió el comandante, ligeramente inquieto, Sí, sepa vuestra señoría que tres cuartas partes de estas tierras, o más, le pertenecen, Pero dijiste que él no está en casa, Hable vuestra señoría con el capataz, el capataz es quien gobierna el barco, Anduviste en el mar, Sepa vuestra señoría que sí, pero aquello, entre ahogados e infectados de escorbutos y otras miserias, era una tal mortandad que decidí volver a morir en la tierra, Y dónde puedo encontrar al capataz, Si no está ya en el campo, lo encontrará en la finca del palacio, Hay un palacio, preguntó el comandante mirando alrededor, No es un palacio de esos altos y con torres, tiene sólo una planta baja y un piso, pero dicen que hay dentro más riqueza que en todos los palacios y palacetes de lisboa, Puedes guiarnos hasta allí, preguntó el comandante, Para eso me han traído aquí mis pasos, El conde es conde de qué. El viejo lo dijo y el comandante dio un silbido de admiración, Lo conozco, anunció, lo que no sabía era que tenía tierras por estos lugares, Y dicen que no sólo aquí.

La aldea era una aldea como ya no se ven en los días de hoy, si fuera invierno sería como una pocilga por la que corren aguas sucias y chorrea fango por todas partes, ahora sugiere otra cosa, los restos petrificados de una civilización antigua, cubiertos de polvo, como más tarde o más temprano sucede con los museos al aire libre. Desembocaron en una plaza y allí estaba el palacio. El viejo tocó la campana de una puerta de servicio, al cabo de un minuto apareció alguien para abrir y el viejo entró. Las cosas no estaban pasando como el comandante había imaginado, pero tal vez fuese mejor así. Se estaba encargando el viejo del primer parlamento y después él se ocuparía del meollo del asunto. Pasados unos buenos quince minutos apareció en la puerta un hombre gordo, de grandes bigotes, que le pendían como los flecos del escobón de un barco. El comandante dirigió el caballo al encuentro y sobre el caballo, para que quedasen bien claras las diferencias sociales, dijo las primeras palabras, Eres el capataz del señor conde, Para servir a vuestra señoría. El comandante desmontó y, dando prueba de una astucia poco común, aprovechó lo que venía en la bandeja, En ese caso servirme a mí será lo mismo que servir al señor conde y a su alteza el rey, Vuestra señoría hará el favor de explicarme lo que desea, en todo lo que no vaya contra la salvación de mi alma y contra los intereses de mi amo que me comprometí a defender, soy su hombre, Por mí no serán ofendidos los intereses de tu amo ni se perderá tu alma, y ahora vamos al caso que hasta aquí me trae. Hizo una pausa, una señal rápida al boyero para que se aproximara, y comenzó, Soy oficial de caballería de su alteza, que me confió el encargo de llevar a valladolid, españa, un elefante para ser entregado al archiduque maximiliano de austria que está allí aposentado, en el palacio del emperador carlos quinto, su suegro. Al capataz se le salían los ojos de las órbitas, la boca abierta sobre la papada, efectos animadores que el comandante registró mentalmente. Y continuó, Traigo en la caravana un carro de bueyes que transporta los fardos de forraje del que el elefante se alimenta y la cuba de agua en que mata la sed, tira del carro una yunta de bueyes que hasta ahora ha hecho buen servicio, pero mucho me temo que no será suficiente cuando tenga que enfrentarse con las grandes laderas de las montañas. El capataz asintió con la cabeza, pero no profirió palabra. El comandante respiró hondo, soltó unas cuantas frases de adorno que había estado hilvanando en la cabeza y fue derecho al objetivo, Necesito otra yunta de bueyes para uncirla al carro y pienso que podré encontrarla aquí, El señor conde no está, sólo él puede. El comandante le cortó la frase, Parece que no oíste que estoy aquí en nombre del rey, no soy yo quien te está pidiendo prestada una yunta de bueyes durante unos días, sino su alteza el rey de portugal, Lo oí, mi señor, lo oí, pero mi amo, No está, ya lo sé, pero está su capataz que conoce sus deberes para con la patria, La patria, señor, Nunca la viste, preguntó el comandante lanzándose en un rapto lírico, ves aquellas nubes que no saben adónde van, ellas son la patria, ves el sol que unas veces está y otras no, él es la patria, ves aquella línea de árboles desde donde, con los pantalones bajados, vi la aldea esta madrugada, ella es la patria, por tanto no puedes negarte ni oponer dificultades a mi misión, Si vuestra señoría lo dice, Te doy mi palabra de oficial de caballería, y ahora basta de conversaciones, vamos al establo a ver los bueyes que ahí tienes. El capataz se mesó el bigote zarrioso como si estuviera consultándolo, y finalmente se decidió, la patria por encima de todo, pero, todavía temeroso de los efectos de su cesión, le preguntó al oficial si le dejaba una garantía, a lo que el comandante respondió, Te dejo un papel escrito con mi puño y letra en el que aseguraré que la yunta de bueyes será devuelta a la procedencia por mí mismo tan pronto el elefante quede entregado al archiduque de austria, no esperaréis más tiempo que el de ir de aquí a valladolid y de valladolid aquí, Vamos entonces al establo, donde están los bueyes de trabajo, dijo el capataz, Está aquí mi boyero, entrará contigo, yo entiendo más de caballos y de guerra, cuando la hay, dijo el comandante. En el establo había ocho bueyes. Tenemos otros cuatro más, dijo el capataz, pero están en el campo. A una señal del comandante, el boyero se aproximó a los animales, los examinó atentamente, uno por uno, hizo que se levantaran dos que estaban echados, los examinó también, y por fin declaró, Éste y éste, Buena elección, son los mejores, dijo el capataz. El comandante sintió una ola de orgullo subiéndole por el plexo solar a la garganta. Realmente, cada gesto suyo, cada paso que daba, cada decisión que tomaba, revelaban a un estratega de primerísima fila, merecedor de los más altos reconocimientos, una rápida promoción a coronel, para comenzar. El capataz, que había salido, regresaba con papel y pluma y allí mismo fue suscrito el compromiso. Cuando el capataz recibió el documento, las manos le temblaban de emoción, pero recuperó la serenidad al oír decir al boyero, Faltan los aperos, Están allí, señaló el capataz. No se han evitado en este relato consideraciones más o menos certeras sobre la naturaleza humana, y todas las fuimos fielmente consignando y comentando según la respectiva pertinencia y el humor del momento. Lo que no esperábamos, francamente, era que llegara un día que tuviéramos que registrar un pensamiento tan generoso, tan excelso, tan sublime, como el que pasó por la mente del comandante con el fulgor de un relámpago, o sea, que al escudo de armas del conde propietario de esos animales, en memoria de este suceso, deberían añadírsele dos yugos, o cangas, como también se les llama. Ojalá este voto se cumpla. Los bueyes ya estaban uncidos, el boyero los conducía fuera del establo, cuando el capataz preguntó, Y el elefante. Formulada de esta manera tan rústica y directa, la pregunta podía ser simplemente ignorada, pero el comandante pensó que le debía a este hombre un favor y por tanto fue un sentimiento cercano a la gratitud lo que le hizo decir, Está detrás de aquellos árboles, donde pasamos la noche, No he visto un elefante en mi vida, dijo el capataz con voz triste, como si de ver un elefante dependiese su felicidad y la de los suyos, Hombre, eso tiene buen remedio, vente con nosotros, Vaya vuestra señoría andando, que yo arreo la mula y ya lo alcanzo. El comandante salió a la plaza, donde le esperaba el sargento, y dijo, Ya tenemos bueyes, Sí, señor, pasaron por aquí, el boyero parecía que se hubiera tragado un palo, de tan presumido que iba llevándolos, Vamos, dijo el comandante montando, Sí, señor, dijo el sargento montando también. Alcanzaron la vanguardia en poco tiempo, y ahí se le presentó al comandante un serio dilema, o galopar hasta el campamento y anunciar la historia a las huestes reunidas, o seguir con la yunta y recibir los aplausos en presencia del premio vivo de su ingenio. Necesitó cien metros de intensa reflexión para encontrar la respuesta al problema, un recurso al que, anticipando cinco siglos, podríamos llamar tercera vía, es decir, mandar al sargento delante con la noticia a fin de que predispusiera los ánimos para la más entusiasta de las recepciones. Así se haría. No habían andado mucho cuando oyeron el tosco repiquetear de la mula, a la que nunca le pidieron un trote, y mucho menos un galope. El comandante paró por cortesía, lo mismo hizo el sargento sin saber por qué, sólo el boyero y los bueyes, como si perteneciesen a otro mundo y se regulasen por diferentes leyes, siguieron con el paso de siempre, es decir, al paso. El comandante dio orden de que el sargento se adelantase, pero no tardó en arrepentirse de haberlo hecho. Su impaciencia crecía minuto a minuto. Ha sido un craso error mandar al sargento por delante. A esta hora ya estará recibiendo los primeros aplausos, los más calurosos, esos que acogen de primera mano una buena noticia dada, y si algunos, o incluso muchos, llegaran a manifestarse después, siempre tendrán sabor a comida recalentada. Se equivocaba. Cuando el comandante llegó al campamento, habría que discutir si acompañado por o acompañando al boyero y a los bueyes, estaban los hombres formados en dos filas, los braceros a un lado, los militares a otro y en el centro el elefante con su cornaca sentado encima, todos aplaudiendo con entusiasmo, dando vítores de alegría, si esto de aquí fuese un barco de piratas sería el momento de decir, Doble de ron para todos. Eso no impide que más adelante, tal vez, surja la ocasión de mandar que se sirva un cuartillo de vino tinto a toda la compañía. Calmadas las expansiones, comenzó a organizarse la caravana. El boyero unció al carro los bueyes del conde, más fuertes y más frescos, y delante, para ir más descansados, los que venían de lisboa. El capataz quizá fuese de la opinión contraria, pero, sobre su mula, no hacía más que santiguarse y volver a santiguarse, sin acabar de creerse lo que sus ojos le mostraban, Un elefante, eso que hay ahí es un elefante, murmuraba, no tiene menos de cuatro varas de altura, y la trompa, y los dientes, y las patas, qué gruesas son las patas. Cuando la caravana se puso en marcha, la siguió hasta el camino. Se despidió del comandante, a quien le deseó buen viaje y mejor regreso, y se quedó mirándola mientras se alejaba. Hacía grandes gestos de adiós. No todos los días aparece en nuestras vidas un elefante.

No es verdad que el cielo sea indiferente ante nuestras preocupaciones y deseos. El cielo está constantemente enviándonos señales, avisos, y si no atendemos los buenos consejos es porque la experiencia de un lado y de otro, es decir, la suya y la nuestra, ha demostrado ya que no merece la pena esforzar la memoria, que todos la tenemos más o menos débil. Señales y avisos son fáciles de interpretar si estamos con los ojos abiertos, como es el caso del comandante cuando sobre la caravana, a cierta altura del camino, cayó un rápido aunque abundante aguacero. Para los hombres de carga, empeñados en el penoso trabajo de empujar el carro de bueyes, esa lluvia fue una bendición, un acto de caridad por el sufrimiento al que viven sujetas las clases bajas. El elefante salomón y su cornaca subhro disfrutaron del súbito refresco, lo que no le impidió al guía pensar en lo bien que le vendría en el futuro un paraguas para situaciones como ésta, principalmente en el camino a viena, sentado en alto y protegido del agua que cayese de las nubes. Quienes no apreciaron nada el líquido meteoro fueron los soldados de caballería, habitualmente presumidos con sus uniformes coloridos, ahora manchados y calados, como si estuvieran regresando vencidos de una batalla. En cuanto al comandante, ése, con su ya probada agilidad de espíritu, comprendió inmediatamente que ahí tenía un problema muy serio. Una vez más se demostraba que la estrategia para esta misión había sido diseñada por personal incompetente, incapaz de prever los acontecimientos más corrientes, como este de una lluvia en agosto, cuando la sabiduría popular ya viene avisando desde la noche de los tiempos que el invierno, precisamente, es en agosto cuando comienza. A no ser que el aguacero haya sido una cosa ocasional y que el buen tiempo regrese para quedarse, se han acabado las noches dormidas al aire libre bajo la luna o el arco estrellado del camino de santiago. Y no sólo eso. Teniendo que pernoctar en lugares habitados, era necesario que en ellos hubiese un espacio cubierto para abrigar a los caballos y al elefante, a los cuatro bueyes, y a unas buenas decenas de hombres, y eso, como se puede suponer, era algo costoso de encontrar en el portugal del siglo dieciséis, donde todavía no se había aprendido a construir naves industriales ni hospederías de turismo. Y si la lluvia nos sorprende en el camino, no un aguacero como éste, sino una lluvia continua, de esas que no paran durante horas y horas, se preguntó el comandante, y concluyó, No tendremos otro remedio que soportarla sobre nuestras espaldas. Levantó la cabeza, escrutó el espacio y dijo, Por ahora parece que ha escampado, ojalá haya sido sólo una amenaza. Desgraciadamente no había sido sólo una amenaza. Dos veces, antes de llegar a un puerto de salvación, si tal se podía llamar a las dos decenas de casuchas apartadas unas de otras, con una iglesia descabezada, o sea, sólo con media torre, sin nave industrial a la vista, todavía les cayeron encima dos chaparrones, que el comandante, ya perito en este sistema de comunicaciones, interpretó enseguida como dos nuevos avisos del cielo, bastante impaciente al ver que las medidas preventivas necesarias no estaban siendo tomadas, esas que le ahorrarían a la empapada caravana gripes, resfriados, moqueras y las más que probables neumonías. He aquí la gran equivocación del cielo, como para él nada es imposible, piensa que los hombres, hechos, según se dice, a la imagen y semejanza de su poderoso inquilino, gozan del mismo privilegio. Querríamos ver qué se le ocurriría al cielo en la situación del comandante, yendo de casa en casa con la misma cantinela, Soy oficial de caballería en misión de servicio ordenada por su alteza el rey de portugal, la de acompañar a un elefante a la ciudad española de valladolid, y no ver sino caras desconfiadas, por otra parte más que justificadas, dado que jamás se había oído hablar de la especie elefantina por aquellos parajes ni tenían la menor idea de qué era un elefante. Querríamos ver al cielo preguntando si había por allí un establo grande o, en su defecto, una nave industrial, donde se pudiesen recoger durante una noche los animales y las personas, lo que no sería del todo imposible, basta que recordemos la perentoria afirmación de aquel famoso jesús de galilea que, en sus mejores tiempos, presumió de ser capaz de destruir y reconstruir el templo entre la mañana y la noche de un único día. Se ignora si fue por falta de mano de obra o de cemento por lo que no lo hizo, o porque llegó a la sensata conclusión de que el trabajo no merecía la pena, considerando que si algo se iba a destruir para construirse otra vez, mejor era dejarlo todo como antes estaba. Proeza, ésa sí, fue el episodio de la multiplicación de los panes y de los peces, que si aquí traemos a colación es simplemente porque, por orden del comandante y esfuerzo de la intendencia de caballería, va a ser servida hoy comida caliente para cuantos humanos van en la caravana, lo que no es pequeño milagro si consideramos la falta de comodidad y la inestabilidad del tiempo. Afortunadamente no lloverá. Los hombres se quitaron las ropas más pesadas y las pusieron a secar en varas de tal manera que se aprovecharan del calor de las hogueras mientras tanto encendidas. Después sólo hubo que esperar a que el caldero de la comida llegase, notar la consoladora contracción del estómago al oler que su hambre va a ser finalmente satisfecha, sentirse un hombre como aquellos otros a quienes, en las horas adecuadas, como si de benéfica fatalidad del destino se tratase, alguien viene a servirles un plato de comida y una rebanada de pan. Este comandante no es como otros, piensa en sus hombres, incluyendo a los colaterales, como si fueran hijos suyos. Además de eso, se preocupa poco por las jerarquías, cuando menos en circunstancias como las presentes, tanto es así que no se ha ido a comer aparte, está aquí, ocupa un lugar alrededor de la lumbre, y, si hasta ahora ha participado poco en las conversaciones, era sólo para dejar que los hombres estuvieran cómodos. En este momento uno de caballería acaba de preguntar lo que viene rondando en la cabeza de todos, Y tú, cornaca, qué demonios vas a hacer tú con el elefante en viena, Probablemente lo mismo que en lisboa, nada importante, respondió subhro, le darán muchas palmas, saldrá mucha gente a la calle, y después se olvidarán de él, así es la ley de la vida, triunfo y olvido, No siempre, A los elefantes y a los hombres siempre, aunque de los hombres yo no deba hablar, no dejo de ser un hindú en tierra que no es suya, pero, por lo que sé, sólo un elefante ha escapado de esta ley, Qué elefante es ése, preguntó uno de los hombres de carga, Un elefante que estaba moribundo y al que le cortaron la cabeza después de muerto, Entonces acabó todo ahí, No, colocaron la cabeza en el cuello de un dios que se llamaba ganesh y que estaba muerto. Háblanos de ese tal ganesh, dijo el comandante, Comandante, la religión hinduista es muy complicada, sólo un hindú está capacitado para entenderla y ni siquiera todos lo consiguen, Creo recordar que me dijiste que eres cristiano, Y yo recuerdo haberle respondido, más o menos, mi comandante, más o menos, Qué quiere decir eso en realidad, eres o no eres cristiano, Me bautizaron en la india cuando era pequeño, Y luego, Luego, nada, respondió el cornaca encogiéndose de hombros, Nunca has practicado, No he sido llamado, señor, deben de haberse olvidado de mí, No has perdido nada con eso, dijo la voz desconocida que no fue posible localizar, pero que, aunque esto no sea creíble, parecía que brotaba de las brasas de la hoguera. Se hizo un gran silencio sólo interrumpido por los estallidos de la leña al arder. Según tu religión, quién creó el universo, preguntó el comandante, Brahma, mi señor, Entonces ése es dios, Sí, pero no es el único, Explícate, Es que no es suficiente con crear el universo, es necesario también que haya quien lo conserve, y ésa es la tarea de otro dios, uno que se llama vishnú, Hay más dioses además de ésos, cornaca, Tenemos millares, pero el tercero en importancia es shiva, el destructor, Quieres decir que lo que vishnú conserva shiva lo destruye, No, mi comandante, con shiva, la muerte se entiende como principio generador de vida, Si lo entiendo bien, los tres forman parte de una trinidad, son una trinidad, como en el cristianismo, En el cristianismo son cuatro, mi comandante, con perdón del atrevimiento, Cuatro, exclamó el comandante, estupefacto, quién es el cuarto, La virgen, mi señor, La virgen está fuera de esto, lo que tenemos es el padre, el hijo y el espíritu santo, Y la virgen, Si no te explicas, te corto la cabeza, como le hicieron al elefante, Nunca he oído que se le pidiera nada a dios, ni a jesús, ni al espíritu santo, pero la virgen no tiene manos para contar tantos ruegos, rezos y solicitaciones como le llegan a casa a todas las horas del día y de la noche, Cuidado que está por ahí la inquisición, por tu bien no te metas en terrenos pantanosos, Si llego a viena, no regreso más, No regresas a la india, preguntó el comandante, Ya no soy hindú, En cualquier caso veo que de tu hinduismo pareces saber mucho, Más o menos, mi comandante, más o menos, Por qué, Porque todo esto son palabras, y sólo palabras, fuera de las palabras no hay nada, Ganesh es una palabra, preguntó el comandante, Sí, una palabra que, como todas las demás, sólo con otras palabras puede ser explicada, pero, como las palabras que intentan explicar, lo consigan o no, tienen, a su vez, que ser explicadas, nuestro discurso avanzará sin rumbo, alternará, como por maldición, el error con la certeza, sin dejar ver lo que está bien de lo que está mal, Cuéntame quién fue ganesh, Ganesh es hijo de shiva y de parvati, también llamada durga o kali, la diosa de los cien brazos, Si en vez de brazos hubieran sido pies, podríamos llamarla ciempiés, dijo uno de los hombres riéndose con disimulo, como arrepentido del comentario nada más salirle de la boca. El cornaca no le prestó atención y prosiguió, Hay que decir, como le sucedió a vuestra virgen, que ganesh fue creado por su madre, parvati, sin intervención del marido, shiva, lo que se explica por el hecho de que, siendo eterno, no sentía ninguna necesidad de tener hijos. Un día, habiendo parvati decidido darse un baño, quiso el azar que no hubiera guarda allí para protegerla de quien quisiera entrar en la sala. Entonces ella creó un ídolo con la forma de un niño, hecho con la pasta que había preparado para lavarse, y que no debía de ser otra cosa que jabón. La diosa le infundió vida al muñeco, y éste fue el primer nacimiento de ganesh. Parvati ordenó a ganesh que no permitiera la entrada de nadie, y él siguió a rajatabla las órdenes de la madre. Pasado algún tiempo, shiva regresó de la selva y quiso entrar en casa, pero ganesh no lo permitió, lo que, como es natural, enfureció a shiva. Entonces se produjo el siguiente diálogo, Soy el esposo de parvati, luego su casa es mi casa, Aquí sólo entra quien mi madre quiera, y ella no me ha dicho que tú pudieras entrar. Shiva perdió la paciencia y se lanzó en feroz batalla contra ganesh, que terminó con el dios cortando con su tridente la cabeza del adversario. Cuando parvati salió y vio el cuerpo sin vida del hijo, sus gritos de dolor se transformaron en aullidos de furia, le ordenó a shiva que devolviese inmediatamente la vida a ganesh, pero, por desgracia, el golpe que le degolló fue tan poderoso que la cabeza salió disparada muy lejos y nunca más la encontraron. Entonces, como último recurso, shiva le pidió auxilio a brahma, quien le sugirió que sustituyese la cabeza de ganesh por la del primer ser vivo que encontrara en el camino, siempre que estuviera en dirección norte. Shiva mandó entonces a su ejército celestial para que tomara la cabeza de cualquier criatura con que se toparan durmiendo con la cabeza hacia el norte. Vieron un elefante moribundo que dormía de esta manera y, tras su muerte, le cortaron la cabeza. Regresaron donde estaban shiva y parvati y les entregaron la cabeza del elefante, que fue colocada en el cuerpo de ganesh, trayéndolo de nuevo a la vida. Y así fue como nació ganesh después de haber vivido y muerto. Historias de maricastaña, murmuró un soldado, Como la de aquel que, habiendo muerto, resucitó al tercer día, respondió subhro, Cuidado, cornaca, estás yendo demasiado lejos, le reprendió el comandante, Yo tampoco me creo el cuento del niño de jabón que llegó a convertirse en un dios con un cuerpo de hombre barrigudo y cabeza de elefante, pero me pidió que explicase quién era ganesh, y yo no he hecho más que obedecer, Sí, con consideraciones poco amables sobre jesucristo y la virgen que no han caído nada bien en el espíritu de las personas aquí presentes, Pido disculpas a quien se sienta ofendido, pero fue sin mala intención, respondió el cornaca. Se oyó un murmullo de apaciguamiento, la verdad es que a esos hombres, tanto soldados como paisanos, poco les importaban las disputas religiosas, lo que les inquietaba era que se tratasen asuntos tan retorcidos debajo de la propia cúpula celeste. Suele decirse que las paredes tienen oídos, imaginemos el tamaño que tendrán las orejas de las estrellas. Fuese como fuese, ya era hora de irse a la cama, aunque las sábanas y las mantas sean las ropas que vestían, lo importante era que no les lloviese encima, y eso lo había conseguido el comandante yendo de casa en casa solicitando que diesen abrigo, por esta noche, a dos o tres de sus hombres, Dormirán en cocinas, en establos, en pajares, pero esta vez con la barriga llena, lo que compensaría esos y otros inconvenientes. Con ellos se dispersaron unos cuantos habitantes de la aldea, casi todos hombres, que por allí anduvieron, atraídos por la novedad del elefante, al que, por miedo, no consiguieron aproximarse a menos de veinte pasos. Enrollando con la trompa una porción de forraje que bastaría para satisfacer el primer apetito de un escuadrón de vacas, salomón, a pesar de su corta vista, les lanzó una mirada severa, dando a entender claramente que no era un animal de concurso, y sí un trabajador honrado a quien ciertos infortunios, que sería demasiado prolijo relatar aquí, dejaron sin trabajo y, por decirlo así, entregado a la caridad pública. Al principio uno de los hombres de la aldea, por fanfarronería, todavía avanzó unos cuantos pasos más allá de la línea invisible que luego se convertiría en frontera cerrada, pero salomón le mandó una coz de aviso que, aunque no alcanzó el objetivo, dio lugar a un interesante debate entre ellos sobre familias o clanes de animales. Mulas, mulos, burros, burras, caballos, yeguas, son cuadrúpedos, que, como todo el mundo sabe, y algunos por dolorosa experiencia, dan coces, lo que se entiende bien, puesto que no disponen de otras armas, ya sean ofensivas ya sean defensivas, pero un elefante, con esa trompa y esos dientes, con esas patorras enormes que recuerdan martillos pilones, para colmo, como si fuese poco lo que ya tiene, es capaz de cocear. Sugiere la mansedumbre en figura cuando se le mira, sin embargo, en caso de que sea necesario, podrá convertirse en una fiera. Lo extraño es que, perteneciendo a la familia de los animales antes mencionados, es decir, a la familia de los que dan coces, no lleve herraduras. Al final, dijo uno de los campesinos, un elefante no tiene mucho para ver, se le da una vuelta y ya está. Los otros concordaron, Se le da una vuelta y está todo visto. Podrían haberse retirado a sus casas, a la comodidad de sus hogares, pero uno de ellos dijo que todavía se quedaba un poco por allí, que quería oír lo que se estaba comentando alrededor de la hoguera. Se quedaron todos. Al principio no comprendían de qué estaban tratando, no entendían los nombres, tenían acentos extraños, hasta que todo se les aclaró cuando llegaron a la conclusión de que se hablaba del elefante y que el elefante era dios. Ahora caminaban hacia sus casas, a la comodidad de sus hogares, llevando cada uno consigo dos o tres huéspedes entre militares y hombres de carga. Con el elefante se quedaron de guardia dos soldados de caballería, lo que reforzó la idea en ellos de que era urgente ir a hablar con el cura. Las puertas se cerraron y la aldea se recogió en medio de la oscuridad. Poco después algunas volvieron a abrirse sigilosamente y los cinco hombres que de ellas salieron se encaminaron hacia la plaza del pozo, punto de reunión que habían concertado. La idea que llevaban era hablar con el cura, que a esta hora ya estaría en la cama y probablemente durmiendo. El reverendo era conocido por su pésimo humor cuando lo despertaban a horas inconvenientes, que para él eran todas las que estuvieran en brazos de morfeo. Uno de los hombres todavía aventuró una alternativa, Y si viniésemos temprano, preguntó, pero otro, más determinado, o simplemente más propenso a la lógica de las previsiones, objetó, Si ellos salen al alba, nos arriesgamos a no encontrar a nadie, menuda cara de tontos se nos iba a quedar entonces. Estaban ante la puerta de la parroquia y parecía que ninguno de los nocturnos visitantes se iba a atrever a levantar la aldaba. Aldaba tenía también la puerta de la residencia, pero era demasiado pequeña para conseguir despertar al inquilino. Por fin, como un cañonazo en el silencio pétreo de la aldea, la aldaba de la parroquia dio señal de vida. Todavía tuvo que disparar dos veces más antes de que desde dentro se oyese la voz ronca e irritada del cura, Quién es. Obviamente, no era prudente ni cómodo hablar de dios en plena calle, teniendo por medio algunas paredes y un portón de madera gruesa. No pasaría mucho tiempo sin que los vecinos aguzaran el oído para escuchar las altas voces con las que estarían obligadas a comunicarse las partes dialogantes, transformando así una gravísima cuestión teológica en la fábula de la temporada. La puerta de la residencia se abrió por fin y la cabeza redonda del cura apareció, Qué queréis a esta hora de la noche. Los hombres dejaron el portón de la parroquia y avanzaron, de puntillas, hasta la otra puerta. Se está muriendo alguien, preguntó el cura. Todos dijeron que no señor. Entonces, insistió el siervo de dios, recomponiéndose mejor la manta que se había echado sobre los hombros, En la calle no podemos hablar, dijo un hombre. El cura refunfuñó, Pues si no podéis hablar en la calle, vais mañana a la iglesia, Tenemos que hablar ahora, señor cura, mañana puede ser tarde, el asunto que nos trae hasta aquí es muy serio, es un asunto de iglesia, De iglesia, repitió el cura, súbitamente inquieto, pensando que la podrida viga del techo se habría venido abajo, Sí, señor, de iglesia, Entonces entrad, entrad. Los empujó hasta la cocina, en cuya chimenea todavía quedaban rescoldos de leña quemada, encendió una vela, se sentó en un escaño y dijo, Hablen. Los hombres se miraron unos a otros, dudando acerca de quién debía ser el portavoz, pero estaba claro que sólo tenía realmente legitimidad aquel que dijo que iba a oír lo que se estaba comentando en el grupo donde se encontraban el comandante y el cornaca. No fue necesario votar, el hombre en cuestión ya había tomado la palabra, Señor cura, dios es un elefante. El cura suspiró de alivio, era preferible esto a que se le hubiera caído el tejado, además, la herética afirmación tenía fácil respuesta, Dios está en todas sus criaturas, dijo. Los hombres movieron la cabeza de modo afirmativo, pero el portavoz, mucho más consciente de sus derechos y sus responsabilidades, insistió, Pero ninguna de ellas es dios, Era lo que faltaba, respondió el cura, tendríamos ahí un mundo abarrotado de dioses, y no se entenderían entre ellos, cada uno llevando el ascua a su sardina, Señor cura, lo que nosotros oímos, con estos oídos que se ha de comer la tierra, es que el elefante que está ahí es dios, Quién ha proferido semejante barbaridad, preguntó el cura usando una palabra no habitual en la aldea, lo que era clara señal de enfado, El comandante de caballería y el hombre que viaja encima, Encima de qué, De dios, del animal. El cura respiró hondo, contuvo las ansias que le impelían a mayores extremos y preguntó, Estáis borrachos, No, señor cura, respondió el coro, es difícil estar borracho en los tiempos que corren, el vino está caro, Entonces, si no estáis borrachos, si a pesar de este cuento chino seguís siendo buenos cristianos, oídme bien. Los hombres se aproximaron para no perder ni una palabra, y el cura, después de limpiarse la carraspera que sentía en la garganta, y que, pensaba, era el resultado de haber salido bruscamente del calor de las sábanas al frío ambiente exterior, comenzó el sermón, Podría mandaros a casa con una penitencia, unos cuantos padrenuestros y unas cuantas avemarías, y no pensar más en el asunto, pero como todos me parecéis de buena fe, mañana por la mañana, antes de nacer el sol, iremos juntos, con vuestras familias, y también los demás vecinos de la aldea, a quienes tendréis que avisar, hasta el lugar donde se encuentra el elefante, no para excomulgarlo, puesto que, siendo un animal, ni ha recibido el santo sacramento del bautismo ni puede acogerse a los bienes espirituales concedidos por la iglesia, sino para limpiarlo de cualquier posesión diabólica que haya sido introducida por el maligno en su naturaleza de bruto, como les sucedió a los dos mil cerdos que se ahogaron en el mar de galilea, como seguramente recordaréis. Abrió espacio para una pausa, y luego preguntó, Entendido, Sí, señor, respondieron todos, excepto el portavoz que iba tomando cada vez más en serio su función, Señor cura, dijo, ese caso siempre me da vueltas en la cabeza, Por qué, No comprendo por qué tenían que morir esos cerdos, está bien que jesús hiciera el milagro de expulsar los espíritus inmundos del cuerpo del geraseno, pero consentir que entraran en unos pobres cerdos que nada tenían que ver con el caso, no me parece una buena manera de acabar el trabajo, sobre todo porque, siendo los demonios inmortales, ya que si no lo fueran dios habría acabado con la raza nada más nacer, lo que quiero decir es que antes de que los cerdos hubieran caído al agua ya los demonios se habrían escapado, en mi opinión jesús no lo pensó bien, Y tú quién eres para decir que jesús no lo pensó bien, Está escrito, padre, Pero tú no sabes leer, No sé leer, pero sé oír, Hay alguna biblia en tu casa, No, padre, sólo los evangelios, formaban parte de una biblia, pero alguien los arrancó, Y quién los lee, Mi hija mayor, es verdad que todavía no consigue leerlos de corrido, pero gracias a las veces que lee lo mismo, vamos entendiéndola cada vez mejor, En compensación, y es lo malo, con tales pensamientos y opiniones, si la inquisición viene por aquí serás el primero en ir a la hoguera, De algo tenemos que morir, padre, No me vengas con estupideces, déjate de evangelios y presta más atención a lo que yo digo en la iglesia, señalar el camino recto es mi misión y de nadie más, recuerda que quien se mete por atajos nunca sale de sobresaltos, Sí, padre, De ahora en adelante, ni una palabra, si alguien, quitando a los que estamos aquí, viene hablándome de estos asuntos, aquel de vosotros que se haya ido de la lengua sufrirá pena de excomunión mayor, aunque tenga que ir andando a roma para dar testimonio personalmente. El cura hizo una pausa dramática, y después preguntó con voz cavernosa, Lo habéis entendido, Sí, padre, lo hemos entendido, Mañana, antes de que el sol nazca, quiero a todo el mundo en el atrio de la iglesia, yo, vuestro pastor, iré delante, y juntos, con mi palabra y vuestra presencia, pelearemos por nuestra santa religión, recordad, el pueblo unido jamás será vencido.

El día amaneció nublado, pero nadie se había perdido, todo el mundo encontró, en medio de una niebla casi tan espesa como un puré de patatas, un camino para llegar a la iglesia, como antes encontraron el campamento los huéspedes a quienes los aldeanos habían dado abrigo. Estaban allí todos, desde la más tierna criatura de pecho en brazos de su madre hasta el anciano más viejo de la aldea todavía capaz de andar, gracias al auxilio del palo que funcionaba como su tercera pierna. Menos mal que no tenía tantas como el ciempiés, que cuando llega a viejo tiene necesidad de una gran cantidad de bastones, así el resultado final acaba en saldo favorable para la especie humana, que sólo necesita tres, salvo en casos más graves, en que los dichos bastones cambian de nombre y pasan a llamarse muletas. De éstos, gracias a la divina providencia que por todos vela, no había en la aldea. La columna caminaba a paso bastante firme, sacando fuerzas de flaqueza, dispuesta a escribir una nueva página de abnegado heroísmo en los anales de la aldea, las otras no tenían mucho que ofrecer a la lectura de los eruditos, solamente que nacimos, trabajamos y morimos. Casi todas las mujeres iban armadas con sus rosarios y murmuraban preces, probablemente para reforzar el ánimo del cura, que avanzaba delante, provisto del aspersorio y del recipiente del agua bendita. A causa de la niebla, los hombres de la caravana no se habían dispersado como sería lo lógico, esperaban en pequeños grupos el bocado de la mañana, incluidos los militares, que, más madrugadores, ya habían enjaezado los caballos. Cuando los vecinos comenzaron a salir del puré de patatas, el personal responsable del elefante se movió instintivamente a su encuentro, yendo a la vanguardia, por deber de oficio, los soldados de caballería. Cuando estuvieron al alcance de la voz, el cura se detuvo, levantó la mano en señal de paz, dio desde ahí los buenos días y preguntó, Dónde está el elefante, queremos verlo. El sargento consideró razonables tanto la pregunta como la petición y respondió, Detrás de esos árboles, pero para ver al elefante tendrán que hablar primero con el comandante del pelotón y con el cornaca, Quién es el cornaca, Es el hombre que va encima, Encima de qué, Encima del elefante, de qué iba a ser, Quiere decir que cornaca significa el que va encima, No sé lo que significa, sólo sé que va encima, la palabra parece que viene de la india. La conversación, de seguir así, amenazaba con eternizarse de no haberse dado la casualidad de que el comandante y el cornaca se aproximaban, atraídos por la curiosidad al vislumbrar, a través de la niebla que comenzaba a deshacerse poco a poco, lo que podían ser dos ejércitos enfrentados. Ahí viene el comandante, dijo el sargento, feliz al quedarse fuera de una conversación que ya le estaba poniendo nervioso. El comandante dijo, Buenos días a todos, y preguntó, En qué puedo servirles, Quisiéramos ver al elefante, La hora no es la mejor, intervino el cornaca, el elefante tiene mal despertar. A eso el cura respondió, Es que aparte de que lo veamos mis ovejas y yo, también querría bendecirlo para el viaje, traigo aquí el aspersorio y el agua bendita, Es una bonita idea, dijo el comandante, hasta ahora ningún sacerdote de los que hemos encontrado en el camino se ha ofrecido para bendecir a salomón, Quién es salomón, preguntó el cura, El elefante se llama salomón, respondió el cornaca, No me parece apropiado darle a un animal el nombre de una persona, los animales no son personas y las personas tampoco son animales, De eso no tengo tanta certeza, respondió el cornaca, que comenzaba a irritarse con el parlatorio, Es la diferencia entre quienes tienen estudios y quienes no los tienen, remató, con censurable altanería, el cura. Dicho esto, se dirigió al comandante preguntándole, Vuestra señoría da licencia para que cumpla mi obligación de sacerdote, Por mi parte sí, padre, aunque el elefante no está bajo mi poder, sino del cornaca. En vez de esperar a que el cura le dirigiese la palabra, subhro acudió en tono sospechosamente amable, Por ser quien es, señor padre, salomón es todo suyo. Pues bien, ha llegado el tiempo de avisar al lector de que hay aquí dos personajes que no están de buena fe. En primerísimo lugar, el cura, que al contrario de lo que afirma no trae agua bendita, sino agua del pozo, sacada directamente del cántaro de la cocina, sin ningún paso, real o simbólico, por lo empíreo, en segundo lugar, el cornaca, que espera que algo suceda y que está rezándole al dios ganesh para que suceda de verdad. No se acerque demasiado, previno el comandante, mire que tiene tres metros de altura y pesa unas cuatro toneladas, si no más, No puede ser tan peligroso como la bestia del leviatán, y a ése lo tiene subyugado de por vida la santa religión católica, apostólica y romana a que pertenezco, Yo lo he avisado, la responsabilidad es suya, dijo el comandante, que en su experiencia de militar había oído muchas bravatas y constatado el triste resultado de casi todas. El cura sumergió el aspersorio en el agua, dio tres pasos adelante, y salpicó con ella la cabeza del elefante al mismo tiempo que murmuraba unas palabras que por el aspecto podían ser latines, pero que nadie entendió, ni siquiera la reducidísima parte ilustrada de la asistencia, o sea, el comandante, que tenía algunos años de seminario, resultado de una crisis mística que acabaría curándose por sí misma. El reverendo seguía con su trabajo y, poco a poco, se iba aproximando a la otra extremidad del animal, movimiento que coincidió con la aceleración de las preces del cornaca al dios ganesh y con el súbito descubrimiento, por parte del comandante, de que las palabras y los gestos que el cura estaba haciendo pertenecían al manual del exorcismo, como si el pobre elefante pudiese estar poseído por algún demonio. Este hombre está loco, pensó el comandante, y en el instante mismo en que lo pensó, vio al cura derribado en el suelo, recipiente por un lado, aspersorio por otro, la falsa agua bendita derramada. Las ovejas avanzaron para ayudar a su pastor, pero los soldados se interpusieron para evitar atropellos y confusiones y, si bien lo pensaron, mejor lo hicieron, porque el cura, ayudado por los hércules locales, ya intentaba levantarse, manifiestamente dolorido en el muslo izquierdo pero, según todos los indicios, sin ningún hueso partido, lo que, teniendo en cuenta la avanzada edad y la flácida corpulencia del individuo, casi se podría considerar uno de los más acabados milagros de la santa patrona del lugar. Lo que realmente sucedió, y nunca llegaremos a saber la causa, misterio inexplicable para unir a tantos otros, fue que salomón, cuando estaba a menos de un palmo del objetivo de la tremenda coz que había comenzado a soltar, frenó y suavizó el impacto, de tal modo que los efectos no fuesen más allá de los que devendrían de un serio empujón, pero aposta y ni mucho menos con intención de matar. Faltándole, como a nosotros, esta importante información, el cura se limitaba a decir, aturdido, Ha sido un castigo del cielo, ha sido un castigo del cielo. A partir de hoy, cuando se hable de elefantes en su presencia, y han de ser muchas las veces, habiéndose visto lo sucedido aquí, en mañana brumosa, ante tantos testigos presenciales, siempre dirá que esos animales, aparentemente brutos, son tan inteligentes que, aparte de tener luces de latín, hasta son capaces de distinguir el agua bendita de la que no lo es. Cojeando, el cura se dejó llevar hasta una silla de brazos de ébano negro, de estilo abacial, una preciosa obra de ensamblaje que cuatro de sus más delicados fámulos fueron a buscar a la iglesia. Ya no estaremos aquí cuando se organice el regreso a la aldea. La discusión será brava, como es lógico esperar de seres poco dados a los ejercicios de la razón, hombres y mujeres que por un quítame esta paja llegan a las manos, incluso cuando, como es el caso, se trata de decidir sobre una obra tan pía como la de cargar a su pastor hasta casa y meterlo en la cama. El cura no será de gran ayuda para dirimir el pleito porque caerá en un sopor que preocupará a todo el mundo, menos a la bruja de la zona, Sosegaos, dijo, no hay señales de muerte próxima, ni para hoy ni para mañana, nada que no se pueda resolver con unas buenas friegas en las partes afectadas y unas tisanas para depurar la sangre y no dejarla corromperse, y, ya ahora, dejaos de zaragatas que siempre acaban con cabezas partidas, lo que hay que hacer es relevarse de cincuenta en cincuenta pasos, y todos amigos. Tenía razón la bruja.

La caravana de hombres, caballos, bueyes y elefante fue engullida definitivamente por la bruma, ni siquiera se distingue la mancha que forma el extenso bulto del conjunto. Vamos a tener que correr para alcanzarla. Afortunadamente, considerando el poco tiempo que nos quedamos para asistir al debate de los hércules de la aldea, el personal no puede ir muy lejos. En situación de visibilidad normal o de bruma menos parecida con el puré que es ésta, bastaría seguir los surcos de las gruesas ruedas de los carros de bueyes y del de la intendencia en el suelo reblandecido, pero, ahora, ni siquiera con la nariz rozando la tierra se conseguiría descubrir que por aquí pasó gente. Y no sólo gente, también animales, como quedó dicho, algunos de cierto porte, como los bueyes y los caballos, y en particular el paquidermo conocido en la corte portuguesa como salomón, cuyos pies, sólo por sí mismos, habrían dejado en el suelo la marca de unas huellas enormes, casi circulares, como las de los dinosaurios de pies redondos, si alguna vez existieron. Ya que estamos hablando de animales, lo que parece imposible es que a nadie en lisboa se le ocurriera mandar dos o tres perros. Un perro es un seguro de vida, un rastreador de rumbos, una brújula con cuatro patas. Basta decirle, Busca, y en menos de cinco minutos lo tendríamos de regreso, moviendo el rabo y con los ojos brillando de felicidad. No sopla viento, sin embargo la niebla parece moverse en lentos torbellinos como si el propio bóreas en persona la estuviera soplando desde el más recóndito norte y desde los hielos eternos. Lo que no está bien, lo confesamos, es que, en situación tan delicada como ésta, alguien venga y se ponga a sacarle lustre a la prosa para añadirle algunos reflejos poéticos sin asomo de originalidad. A esta hora los compañeros de la caravana ya han notado la falta del ausente, dos se han declarado voluntarios para retroceder y salvar al desdichado náufrago, y eso sería muy de agradecer si no fuese por la fama de poltrón que le quedaría para el resto de su vida, Imagínense, diría la voz pública, el tipo allí sentado, esperando a que apareciese alguien a salvarlo, hay gente que no tiene ninguna vergüenza. Es verdad que estuvo sentado, pero ahora ya se ha puesto en pie y ha dado valientemente el primer paso, la pierna derecha primero, para exorcizar los maleficios del destino y de sus poderosos aliados, la suerte y la casualidad, la pierna izquierda de repente dubitativa, y no era caso para menos, pues el suelo ha dejado de verse, como si una nueva marea de niebla hubiese comenzado a subir. Al tercer paso ya no consigue ver ni siquiera sus propias manos extendidas hacia delante, como para proteger la nariz del choque contra una puerta inesperada. Fue entonces cuando se le presentó otra idea, la de que el camino tuviera curvas a un lado y a otro, y que el rumbo adoptado, una línea que no sólo quería ser recta, una línea que también quería mantenerse constante en esa dirección, acabara conduciéndolo a páramos donde la perdición de su ser, tanto la del alma como la del cuerpo, estaría asegurada, en el último caso con consecuencias inmediatas. Y todo esto, oh suerte malvada, sin un perro para enjugarle las lágrimas cuando el gran momento llegase. Todavía pensó en volver atrás, pedir cobijo en la aldea hasta que el banco de niebla se deshiciera por sí mismo, pero, perdido el sentido de la orientación, confundidos los puntos cardinales como si estuviese en un espacio exterior del que nada supiera, no encontró mejor respuesta que sentarse otra vez en el suelo y esperar que el destino, la casualidad, la suerte, cualquiera de ellos o todos juntos, trajeran a los abnegados voluntarios hasta el minúsculo palmo de tierra en que se encontraba, como una isla en el mar océano, sin comunicaciones. Con más propiedad, una aguja en un pajar. Al cabo de tres minutos, dormía. Extraño animal es este bicho hombre, tan capaz de tremendos insomnios por culpa de insignificancias como de dormir a pierna suelta en vísperas de la batalla. Así sucedió. Entró en el sueño, y es de creer que todavía hoy estaría durmiendo si salomón no hubiera soltado, de repente, en cualquier lugar de la niebla, un barrito atronador cuyos ecos podrían haber llegado hasta las distantes orillas del ganges. Aturdido por el brusco despertar, no consiguió distinguir en qué dirección podría estar el emisor sonoro que decidió salvarlo de un congelamiento fatal, o peor aún, de ser devorado, porque ésta es tierra de lobos, y un hombre solo y desarmado no tiene salvación ante una jauría o un simple ejemplar de la especie. La segunda llamada de salomón fue más potente aún que la primera, comenzó siendo una especie de gorgoteo sordo en los abismos de la garganta, como un redoble de tambores, al que inmediatamente le sucedió el clangor sincopado que forma el grito de este animal. El hombre ya va atravesando la bruma como un caballero disparando la carga, lanza en ristre, mientras mentalmente implora, Otra vez, salomón, por favor, otra vez. Y salomón le respondió, soltó un nuevo barrito, menos fuerte, como de simple confirmación, porque el náufrago que era ya dejaba de serlo, ya se va acercando, aquí está el carro de intendencia de la caballería, no se le pueden distinguir los pormenores porque las cosas y las personas son como borrones confusos, otra idea se nos ocurre ahora, bastante más incómoda, supongamos que esta niebla es de las que corroen las pieles, la de las personas, la de los caballos, la del propio elefante, pese a su grosor, que no hay tigre que le meta el diente, las nieblas no son todas iguales, un día se gritará Gas, y ay de aquel que no lleve en la cabeza una celada bien ajustada. A un soldado que pasa, llevando el caballo de las riendas, el náufrago le pregunta si los voluntarios ya han regresado de la misión de salvamento y rescate, y éste responde a la interpelación con una mirada de desconfianza, como si tuviera delante a un provocador, que haberlos los había en abundancia en el siglo dieciséis, basta consultar los archivos de la inquisición, diciendo secamente, Dónde has ido a buscar esas fantasías, aquí no ha habido ninguna petición de voluntarios, con una niebla así la única actitud sensata es la que adoptamos, mantenernos juntos hasta que se levante por sí misma, además, pedir voluntarios no es muy del estilo del comandante, en general se limita a apuntar tú, tú y tú, vosotros, adelante, marcha, el comandante dice que héroes, héroes, o vamos a serlo todos, o nadie. Para hacer más evidente las ganas de acabar la conversación, el soldado montó rápidamente sobre el caballo, dijo hasta luego y desapareció en la niebla. No iba satisfecho consigo mismo. Había dado explicaciones que nadie le pidió, realizado comentarios para los que no estaba autorizado. Sin embargo, le tranquilizaba el hecho de que el hombre, aunque no parecía tener el físico adecuado, debía de pertenecer, otra posibilidad no cabía, que se sepa, al grupo de los que fueron contratados para ayudar a tirar y empujar los carros de bueyes en los pasos difíciles, gente de pocas hablas y, en principio, escasísima imaginación. En principio, dígase así, porque al hombre perdido en la niebla imaginación no parece haberle faltado, vista la ligereza con que sacó de la nada, de lo no acontecido, los voluntarios que deberían haber acudido a salvarlo. Afortunadamente para su credibilidad pública, el elefante es otra cosa. Grande, enorme, barrigudo, con una voz capaz de asustar a los menos timoratos y una trompa como no la tiene ningún otro animal de la creación, el elefante nunca podría ser producto de una imaginación, por muy fértil y propensa al riesgo que fuese. El elefante, simplemente, o existía o no existía. Es por tanto hora de visitarlo, hora de agradecerle la energía con que usó la salvadora trompeta que dios le dio, si ese sitio fuera el valle de josafat habrían resucitado los muertos, pero siendo sólo lo que es, un pedazo bruto de tierra portuguesa ahogado por la niebla donde alguien, quién, estuvo a punto de morir de frío y de abandono, diremos, para no perder del todo la trabajosa comparación en que nos metimos, que hay resurrecciones muy bien administradas cuya ejecución es posible antes de que le sucedan al propio sujeto. Era como si el elefante hubiese pensado, Ese pobre diablo va a morir, voy a resucitarlo. Y aquí tenemos al pobre diablo deshaciéndose en agradecimientos, jurando gratitud para toda la vida, hasta que el cornaca se decidió a preguntarle, Qué es lo que el elefante ha hecho para que le estés tan agradecido, De no ser por él, yo habría muerto de frío o habría sido devorado por los lobos, Y cómo consiguió eso, si no ha salido de aquí desde que se despertó, No ha necesitado salir de aquí, fue suficiente con que soplara su trompeta, yo estaba perdido en la niebla y fue su voz la que me salvó, Si alguien puede hablar de las obras y de los hechos de salomón, soy yo, que para eso soy su cornaca, por tanto no vengas con esas tretas de que has oído un barrito, Un barrito, no, los barritos que estas orejas que la tierra ha de comerse oyeron fueron tres. El cornaca pensó, Este fulano está loco de atar, se le fue la cabeza con la fiebre de la niebla, eso es lo más seguro, de casos semejantes se ha oído hablar. Después, en voz alta, Para no quedarnos aquí discutiendo barrito sí, barrito no, barrito quizá, pregúntales a esos hombres que vienen por ahí si han oído algo. A los hombres, tres bultos cuyos difusos contornos parecían oscilar y temblar a cada paso, daban inmediatas ganas de preguntarles, Adónde queréis ir con semejante tiempo. Sabemos que no era ésta la pregunta que el maníaco de los barritos les hacía en este momento, y sabemos la respuesta que le estaban dando. Lo que no sabemos es si alguna de estas cosas están relacionadas unas con otras, y cuáles, y cómo. Lo cierto es que el sol, como una inmensa escoba luminosa, rompió de repente la niebla y la empujó a lo lejos. El paisaje se hizo visible en aquello que siempre había sido, piedras, árboles, barrancos, montañas. Los tres hombres ya no están aquí. El cornaca abre la boca para hablar, pero vuelve a cerrarla. El maníaco de los barritos comenzó a perder consistencia y volumen, a encogerse, se volvió redondo, transparente como una pompa de jabón, si es que los pésimos jabones que se fabricaban en aquel tiempo eran capaces de formar esas maravillas cristalinas que alguien tuvo el genio de inventar, y de repente desapareció de la vista. Hizo plof y se esfumó. Hay onomatopeyas providenciales. Imagínense que tuviéramos que describir el proceso de evaporación del sujeto con todos los pormenores. Serían necesarias, por lo menos, diez páginas. Plof.

Quiso la casualidad, tal vez debido al efecto de alguna alteración atmosférica, que el comandante se encontrara pensando en la mujer y en los hijos, ella embarazada de cinco meses, ellos, un muchachito y una niña, de seis y cuatro años respectivamente. Las rudas gentes de estas épocas recién salidas de la barbarie primera prestan tan poca atención a los sentimientos delicados que escasas veces les dan uso. Aunque ya se esté notando por aquí cierta fermentación de emociones en la fatigosa construcción de una identidad nacional coherente y cohesionada, la saudade y sus subproductos todavía no estaban integrados en portugal como filosofía habitual de vida, lo que ha dado origen a no pocas dificultades de comunicación en la sociedad en general, y también no pocas perplejidades en la relación de cada uno consigo mismo. Por ejemplo, en nombre del más obvio sentido común, no sería aconsejable que nos acercáramos hasta el estribo del comandante para preguntarle, Dígame, comandante, tiene saudade de su esposa y de sus hijitos. El interpelado, aunque no está completamente desprovisto de gusto y de sensibilidad, como se ha podido deducir de diversos pasajes de este relato, observando siempre, claro está, la más recatada discreción para no ofender el pudor del personaje, nos miraría con sorpresa ante nuestra evidente falta de tacto y daría una respuesta vaga, aérea, sin principio ni fin, dejándonos, por lo menos, con serias preocupaciones sobre la vida íntima de la pareja. Es cierto que el comandante nunca ha dado una serenata ni nunca ha escrito, que se sepa, un sonetillo, uno por lo menos, pero eso no significa que no sea, digamos que por naturaleza, muy competente para estimar las cosas bellas creadas por el ingenio de sus semejantes. Una de ellas, por ejemplo, podría haberla traído con él, envuelta en paños en la valija, como ya lo ha hecho en otras expediciones más o menos bélicas, pero esta vez prefirió dejarla en la seguridad de la casa. Dada la escasez de la soldada que cobra, a veces con retraso, y que, como es evidente, las finanzas no la calcularon para que la tropa se diera lujos, el comandante, si quiso su joya, de eso ya hace más de una larga docena de años, tuvo que vender un tahalí de ricos materiales, delicado de diseño y de notable decoración, en cualquier caso más para lucir en los salones que para llevar en el campo de batalla, una pieza magnífica de equipamiento militar que fue propiedad del abuelo materno y que, desde aquel momento, se convirtió en objeto de deseo de cuantos la veían. En su lugar, pero no para los mismos fines, se encuentra un grueso volumen, con el título amadís de gaula, obra de la que parece que fue autor, como juran algunos eruditos más patriotas, un tal vasco de lobeira, portugués del siglo catorce, aunque la obra sería publicada en zaragoza, en traducción castellana, en mil quinientos ocho por garci rodríguez de montalvo, que le añadió unos cuantos capítulos de aventuras y amores y enmendó y corrigió los antiguos textos. Sospecha el comandante que su ejemplar procede de cepa bastarda, de una edición de esas a las que hoy llamamos piratas, lo que demuestra de cuán lejos vienen ciertas ilícitas prácticas comerciales. Salomón, otras veces lo hemos dicho, hablamos del rey de judea, no del elefante, tenía razón cuando escribió que no hay nada nuevo bajo el sol. Cuesta imaginar que todo ya fuese igual a todo en aquellas bíblicas eras, cuando nuestra pertinaz inocencia sigue obstinándose en imaginarlas líricas, bucólicas y pastoriles, quizá por estar tan próximas de los primeros tanteos de nuestra occidental civilización.

El comandante está leyendo por cuarta o quinta vez su amadís. Como en cualquier otra novela de caballerías, no faltan batallas sangrientas, piernas y brazos amputados a cercén, cuerpos cortados por la cintura, lo que dice mucho sobre la fuerza bruta de esos espirituales caballeros, puesto que en aquella época no eran conocidas, ni imaginables, las virtudes seccionadoras de las sierras metálicas con el vanadio y el molibdeno, hoy fáciles de encontrar en cualquier cuchillo de cocina, lo que demuestra cuánto hemos progresado en la buena dirección. El libro cuenta con minucia y deleite los atribulados amores de amadís de gaula y oriana, ambos hijos de reyes, lo que no fue obstáculo para que la madre del niño decidiera repudiarlo, mandando que lo llevasen al mar y allí, en una caja de madera, con una espada al lado, lo abandonaran a merced de las corrientes marinas y del ímpetu de las olas. En cuanto a oriana, la pobre, contra su voluntad, se vio prometida en casamiento por el propio padre con el emperador de roma, cuando todos sus deseos e ilusiones estaban puestos en amadís, a quien amaba desde los siete años, cuando el mocito tenía ya doce, aunque por la complexión física aparentaba los quince. Verse y amarse fue obra de un instante de deslumbramiento que permaneció intacto durante toda la vida. Era el tiempo en que la andante caballería se había propuesto terminar la obra de dios, es decir, eliminar el mal del planeta. Era también el tiempo en que el amor para serlo tendría que ser extremo, radical, la fidelidad absoluta un don del espíritu tan natural como el comer y el beber lo es del cuerpo. Y, hablando del cuerpo, es cosa de preguntar en qué estado estaría el de amadís, tan cosido de cicatrices, abrazado al cuerpo perfecto de la sin par oriana. Las armaduras, sin el vanadio y el molibdeno, de poco podrían servir, y el narrador de la historia no evita señalar la fragilidad de las chapas y de las cotas de malla. Un simple golpe de espada inutilizaba un yelmo y abría la cabeza que estaba dentro. Es asombroso cómo esa gente consiguió llegar viva al siglo en que estamos. Ya me gustaría a mí, suspiró el comandante. Al menos durante un tiempo no le importaría ceder su patente de capitán a cambio de cabalgar, en figura de un nuevo amadís de gaula, por las playas de la isla firme o por los bosques y serranías donde acechaban los enemigos del señor. La vida de un capitán de caballería portugués, en tiempo de paz, es una completa pesadez, hay que darle vueltas y vueltas a la cabeza para encontrar algo en que ocupar con suficiente provecho recreativo las horas muertas del día. El capitán imagina a amadís cabalgando por estas peñas agrestes, con el impiadoso pedregal castigando los cascos del caballo y al escudero gandalín diciéndole al amigo que es tiempo de descansar. El voto fantasioso le hizo mudar el rumbo del pensamiento hacia una cuestión fuera de la literatura, ceñida a la disciplina militar en lo que ésta tiene de más básico, el cumplimiento de las órdenes recibidas. Si el comandante hubiera podido entrar en las cavilaciones del rey don juan tercero en el momento, descrito atrás, en que la real persona imaginaba a salomón y a su comitiva pisando las extensas y monótonas distancias de castilla, no estaría ahora aquí, subiendo y bajando estos barrancos, recorriendo estas peligrosas laderas, mientras el boyero intenta descubrir caminos no demasiado desviados cada vez que los incipientes y mal definidos senderos desaparecen bajo los peñascos rodados y las lascas de pizarra. Aunque el rey no hubiese llegado a expresar su opinión y nadie se hubiera atrevido a pedírsela por motivos tan mínimos, el oficial comandante general de caballería dio su aprobación, la ruta por las planicies de castilla era realmente la más indicada, la más suave, prácticamente, como ya se dijo, un paseo por el campo. En esto se estaba, y se diría que no existía ninguna razón para la reconsideración del itinerario, cuando el secretario pedro de alcáçova carneiro, casualmente informado del acuerdo, decidió tomar cartas en el asunto. Dijo, No me parece bien, señor, eso a que estáis llamando paseo por el campo, si no usamos de cautela, podría llegar a tener consecuencias negativas, muy serias, incluso graves, No veo por qué, señor secretario, Imagine que surge un problema de abastecimiento con las poblaciones durante la travesía de castilla, tanto a causa del agua como por el forraje, imagine que la gente de ahí se niega a cualquier trato de compra y venta con nosotros, incluso yendo eso contra sus intereses del momento, Sí, podría suceder, reconoció el oficial, Imagine también que las cuadrillas de bandoleros, que por ahí las hay, mucho más que aquí, viendo tan reducida la protección que damos al elefante, treinta soldados de caballería no son nada, Permítaseme no estar de acuerdo, señor secretario, si treinta soldados portugueses hubiesen estado en las termópilas a un lado o a otro, por ejemplo, el resultado de la lucha habría sido diferente, Le pido disculpas, señor, lejos de mí la intención de ofender los bríos de nuestro glorioso ejército, pero, vuelvo a decir, imagine que esos bandidos, que ciertamente saben lo que es el marfil, se unen para atacarnos, matan al elefante y le arrancan los dientes, He oído decir que las balas no atraviesan la piel de esos animales, Es posible, pero habrá sin duda otra manera de matarlo, lo que le pido a vuestra alteza, sobre todo, es que piense en la vergüenza que sería para nosotros perder el regalo que le hacemos al archiduque maximiliano en una escaramuza con bandoleros españoles y en territorio español, Qué piensa entonces el señor secretario que debamos hacer, Para la ruta de castilla sólo existe una alternativa, la nuestra propia, a lo largo de la frontera, en dirección norte, hasta castelo rodrigo, Son malos caminos, dijo el oficial, el señor secretario no conoce aquello, Pues no, pero no tenemos otra solución, y ésta, además, tiene una ventaja complementaria, Cuál, señor secretario, La de poder hacer la mayor parte del recorrido en territorio nacional, Pormenor importante, sin duda, el señor secretario piensa en todo.

Dos semanas después de esta conversación se hizo evidente que el secretario pedro de alcáçova carneiro en definitiva no había pensado en todo. Un mensajero del secretario del archiduque llegó con una carta en que, entre otras frioleras que parecían colocadas para desviar la atención, se preguntaba por qué punto de la frontera entraría el elefante, porque ahí habría un destacamento militar español o austriaco para recibirlo. El secretario portugués respondió por la misma vía, informando de que la entrada se haría por la frontera de castelo rodrigo, y, acto seguido, comenzó a organizar su contraataque. Aunque estas palabras puedan parecer una exageración fuera de lugar, teniendo en cuenta la paz que reina entre los dos países ibéricos, la verdad es que al sexto sentido de que pedro de alcáçova carneiro está dotado no le había gustado nada ver en la carta de su colega español la palabra recibir. El hombre podía haber usado los términos acoger o dar la bienvenida, pero no, o dijo más de lo que pensaba, o, como se suele decir, se le escapó la verdad de la boca. Unas cuantas instrucciones al capitán de la caballería sobre el procedimiento a seguir evitarán malentendidos, pensó pedro de alcáçova carneiro, si al otro lado tienen la misma disposición. El resultado de estos planes estratégicos sería anunciado por el sargento, en otro lugar y unos cuantos días más tarde, justo en este preciso instante, Vienen acercándose por detrás dos caballeros, mi comandante. El comandante miró, era evidente que los jinetes, con un trote rápido y eficaz, traían prisa. El sargento mandó hacer alto a la columna, y, por si acaso, colocó a los visitantes en la mira discreta de unos cuantos arcabuces. Con los miembros trémulos y la espuma cayéndoles de las bocas, los caballos resoplaron cuando les hicieron frenar. Los dos hombres saludaron y uno de ellos dijo, Somos portadores de un mensaje del secretario pedro de alcáçova carneiro para el comandante de la fuerza que acompaña al elefante, Soy yo ese comandante. El hombre abrió la talega, retiró de ella un papel doblado en cuatro, sellado con el timbre oficial de la secretaría del reino, y se lo entregó al comandante, que se apartó una decena de pasos para leerlo. Cuando regresó le brillaban los ojos. Llamó al sargento aparte y le dijo, Sargento, mande darles de comer a estos hombres y que les preparen una merienda para el camino, Sí, mi comandante, Avise a todo el mundo de que, a partir de ahora, avanzaremos a marchas forzadas, Sí, mi comandante, Y que el tiempo de la siesta será reducido a la mitad, Sí, mi comandante, Tenemos que llegar a castelo rodrigo antes que los españoles, debemos conseguirlo, ellos no están prevenidos, nosotros sí, Y si no lo conseguimos, se atrevió a preguntar el sargento, Lo conseguiremos, de todos modos quien llegue primero, espera. Tan simple como eso, quien llegue primero, espera, para eso no era necesario que el secretario pedro de alcáçova carneiro hubiera escrito la carta. Algo más habrá.

Los lobos aparecieron al día siguiente. Hablamos tanto de ellos aquí que, por fin, decidieron mostrarse. No parece que vengan con ánimos de guerra, quizá porque el resultado de la caza, durante las últimas horas de la noche, haya sido suficiente para reconfortarles el estómago, aparte de que una columna de éstas, con más de cincuenta hombres, buena parte de ellos armados, impone respeto y prudencia, los lobos pueden ser malos, pero estúpidos no son. Peritos en la valoración relativa de las fuerzas en presencia, las propias y las ajenas, no se rigen por entusiasmos, no pierden la cabeza, tal vez porque no tengan bandera ni banda de música para conducirlos a la gloria, cuando se lanzan al ataque es para ganar, regla que, en todo caso, como se verá un poco más adelante, admite alguna excepción. Estos lobos nunca habían visto un elefante. No es de extrañar que alguno, más imaginativo, hubiera pensado, si los lobos tienen un pensamiento paralelo a los procesos mentales humanos, la gran suerte que supondría para la manada disponer de esas toneladas de carne nada más salir del cubil, la mesa siempre puesta, almuerzo, merienda y cena. No sabe el ingenuo canis lupus signatus, nombre latino del lobo ibérico, que en aquella piel ni las balas consiguen entrar, reconociendo desde ya la enorme diferencia que existe entre una bala de las antiguas, de esas que casi nunca sabían adónde iban, y los dientes de estos tres representantes del pueblo lupino que, desde lo alto del montículo que han trepado, contemplan el animado espectáculo de la columna de hombres, caballos y bueyes que se prepara para una nueva etapa en el camino hacia castelo rodrigo. Es muy posible que la piel de salomón no pudiese resistir durante mucho tiempo la acción concertada de las tres dentaduras entrenadas en el duro oficio de comer lo que aparece para sobrevivir. Los hombres hacen comentarios sobre los lobos, y uno les dice a los que tiene más cerca, Si alguna vez sois atacados por un animal de éstos y sólo tenéis un palo para defenderos, hay que procurar que el lobo nunca consiga hincarle los dientes al palo, Por qué, preguntó uno, Porque el lobo irá avanzando poco a poco a lo largo del palo, siempre con los dientes clavados en la madera, hasta llegar a tu alcance y saltarte encima, Maldito animal, Hay que decir que los lobos no son, por naturaleza, enemigos del hombre, y, si a veces lo parecen, es porque somos un obstáculo al libre disfrute de lo que el mundo tiene para ofrecerle a un lobo honrado, En todo caso, esos tres no parecen dar muestra de hostilidad o de malas ideas contra nosotros, Deben de haber comido, además somos demasiados aquí para que se atrevan a saltar sobre, por ejemplo, uno de estos caballos, que para ellos representaría un bocado de primera clase, Se van, gritó un soldado. Era verdad. La inmovilidad en que habían permanecido todo el tiempo desde que llegaron se acababa de romper. Ahora, recortados primero contra el fondo de nubes y moviéndose como si en vez de andar se deslizaran, los lobos, uno a uno, desaparecieron. Volveremos a verlos, preguntó el soldado, Es posible, aunque sólo sea para saber si todavía seguimos por aquí o si algún caballo se ha quedado atrás estropeado, dijo el hombre que sabía de lobos. Más adelante, el corneta hizo oír la orden de preparar la marcha. Una media hora después la columna, pesadamente, comenzó a moverse, por delante el carro de bueyes, a continuación el elefante y los hombres de carga, después la caballería, y, cerrando el cortejo, el carro de la intendencia. La fatiga era general. Entre tanto, el cornaca ya le había dicho al comandante que salomón venía cansado, y no era tanto por obra de la distancia recorrida desde lisboa como por el pésimo estado de los caminos, si insistimos en llamarlos así. El comandante le respondió que en un día más, dos como máximo, avistarían castelo rodrigo, Si somos los primeros en llegar, añadió, el elefante podrá descansar los días o las horas que los españoles tarden, descansará salomón y todos cuantos aquí van, hombres y bestias, Y si somos nosotros los que llegamos después, Depende de la prisa que traigan, de las órdenes que tengan, supongo que también querrán descansar por lo menos un día. Vuestra señoría sabe que estamos bajo su responsabilidad, por mi parte sólo deseo que, hasta el final, su beneficio sea nuestro beneficio, Así ha de ser, dijo el comandante. Azuzó con la espuela al caballo y se fue más adelante a animar al boyero, de cuya ciencia de conducción dependía en mucho la velocidad de progresión de la columna, Vamos, hombre, espabíleme a esos bueyes, gritó, castelo rodrigo ya está cerca, no falta mucho para que podamos dormir una noche bajo techo, Y comer como persona, espero, se desahogó el boyero en sordina para que no lo oyesen. En cualquier caso, las órdenes dadas por el comandante no cayeron en saco roto. El boyero restalló la punta del látigo sobre el lomo de los bueyes, con efectivo e inmediato resultado gritó unas palabras de incitación en el dialecto común, un tirón brusco que se mantendrá tal vez durante los próximos diez minutos o un cuarto de hora, así el boyero no dejará que se apague la llama. Acamparon ya con el sol puesto y a las primeras avanzadas de la noche, más muertos que vivos, hambrientos aunque sin ganas de comer, tal era la fatiga. Afortunadamente, los lobos no regresaron. Si lo hubieran hecho podrían haber circulado a sus anchas por medio del campamento y elegir, entre los caballos, la víctima más suculenta. Es cierto que un robo tan desproporcionado no hubiera podido prosperar, un equino es un animal demasiado grande para ser llevado a rastras así, sin más ni menos, pero si tuviéramos que describir aquí el susto de los expedicionarios cuando descubriesen la presencia de los lobos infiltrados, seguramente no encontraríamos palabras bastante fuertes, sería un sálvese quien pueda. Demos gracias al cielo por haber escapado de esa prueba, demos gracias al cielo porque ya se avistan las imponentes torres del castillo, dan ganas de decir como el otro, Hoy estarás conmigo en el paraíso, o, repitiendo las palabras más terrenales del comandante, Hoy dormiremos bajo techo, es bien cierto que los paraísos no son todos iguales, los hay con huríes y sin huríes, aunque, para saber en qué paraíso estamos basta que nos dejen echar una ojeada desde la puerta. Una pared que proteja de los vientos del norte, un tejado que defienda de la lluvia y del relente, y poco más es necesario para vivir en el mayor confort del mundo. O en las delicias del paraíso.

Quien venga siguiendo con suficiente atención este relato ya se habrá extrañado de que después del divertido episodio de la patada que salomón le dio al cura de la aldea no haya habido referencia a otros encuentros con los habitantes de estas tierras, como si viniésemos atravesando un desierto y no un país europeo civilizado que, para colmo, como ni los niños de escuela ignoran, dio nuevos mundos al mundo. Encuentros, los hubo, pero de paso, en el sentido más inmediato del término, es decir, las personas salían de sus casas para ver quién venía y se topaban con el elefante, que a unos los hacía santiguarse de pasmo y aprensión y a otros, aunque también con aprensión, les provocaba la risa, es de suponer que a causa de la trompa. Nada, por tanto, que se compare al entusiasmo y a la cantidad de mozalbetes y de algún que otro adulto desocupado que vienen corriendo desde la villa así que tuvieron noticia del viaje del elefante, que no se sabe cómo llegó aquí, a la noticia nos referimos, no al elefante, que ése todavía tardará. Nervioso, excitado, el comandante dio orden al sargento para que mandara preguntar a uno de los muchachos más crecidos si los militares españoles ya habían llegado. El mozalbete debía de ser gallego porque respondió a la pregunta con otra pregunta, Qué van a hacer ellos aquí, va a haber guerra, Responde, llegaron o no llegaron los españoles, No, señor, no llegaron. La información fue entregada al comandante en cuya boca, en el mismo instante, apareció la más feliz de las sonrisas. No restaban dudas, la suerte parecía decidida a favorecer las armas de portugal.

Todavía demoraron casi una hora en entrar a la villa, una caravana de hombres y animales muertos de cansancio, que apenas tenían fuerzas para levantar el brazo o mover las orejas en señal de agradecimiento a los aplausos con que los vecinos de castelo rodrigo los recibían. Un representante del alcaide los guió hasta la plaza de armas de la fortificación, donde podrían caber por lo menos diez caravanas como ésa. Ahí los esperaban tres miembros de la familia de los castellanos, que después acompañarían al comandante a inspeccionar los espacios disponibles para abrigar a los hombres, sin olvidar que los españoles necesitarían el suyo propio en caso de no acampar fuera del castillo. El alcaide, a quien el comandante fue a presentar sus respetos después de la inspección, dijo, Lo más probable es que instalen el campamento fuera de las murallas de castelo, lo que, además de otras razones, tendría la gran ventaja de reducir la posibilidad de confrontaciones, Por qué piensa vuestra señoría que podrá haber confrontaciones, preguntó el comandante, Con estos españoles nunca se sabe, desde que tienen un emperador parece que andan con el rey en la barriga, y mucho peor sería si en vez de venir los españoles viniesen los austriacos, Es mala gente, preguntó el comandante, Se creen superiores a los demás, Eso es un pecado común, yo, por ejemplo, me creo superior a mis soldados, mis soldados se creen superiores a los hombres que vienen para hacer el trabajo pesado, Y el elefante, preguntó el alcaide, sonriendo, El elefante no cree, no es de este mundo, respondió el comandante, Lo he visto llegar desde una ventana, de hecho es un animal soberbio, me gustaría verlo desde más cerca, Es todo suyo cuando quiera, No sabría qué hacer con él, a no ser alimentarlo, Prevengo a vuestra señoría que este animal requiere mucho alimento, Así lo he oído decir, y no me presento para ser propietario de un elefante, soy un simple alcaide del interior, Es decir, ni rey ni archiduque, Tal cual, ni rey ni archiduque, sólo dispongo de lo que puedo llamar mío. El comandante se levantó, No le ocupo más tiempo, señor, muchas gracias por la atención con que me ha recibido, Es en servicio del rey, comandante, sólo sería servicio mío si aceptase ser huésped de esta casa mientras permaneciese en castelo rodrigo, Agradezco la invitación, que me honra mucho más de lo que pueda imaginar, pero debo estar con mis hombres, Lo comprendo, tengo la obligación de comprender, en cualquier caso espero que no encontrará disculpa para una cena en uno de estos próximos días, Con todo gusto, aunque dependerá del tiempo que tenga que esperar, imagínese que los españoles aparecen ya mañana, o incluso hoy, Tengo espías al otro lado encargados de dar aviso, Cómo lo harán, Con palomas mensajeras. El comandante puso cara de duda, Palomas mensajeras, se extrañó, he oído hablar de ellas, pero, francamente, no creo que una paloma sea capaz de volar durante horas como dicen, distancias enormes, para acabar, sin equivocarse, en el palomar donde nació, Va a tener ocasión de comprobarlo con sus propios ojos, si me lo permite mandaré llamarlo cuando la paloma llegue para que asista a la retirada y la lectura del mensaje que traerá atado a una pata, Si eso llega a suceder ya sólo nos falta que los mensajes lleguen por el aire sin necesidad de las alas de ninguna paloma, Supongo que eso será un poco más difícil, sonrió el alcaide, pero habiendo mundo, todo podrá suceder, Habiendo mundo, No existe otra manera, comandante, el mundo es indispensable, No debo robarle más tiempo, Me ha dado una gran satisfacción conversar con vuestra merced, Para mí, señor alcaide, después de este viaje, ha sido como un vaso de agua fresca, Un vaso de agua fresca que no le he ofrecido, Queda para la próxima vez, No se olvide de mi invitación, dijo el alcaide cuando el comandante ya bajaba las escalinatas de piedra, Seré puntual, señor.

Apenas entró en castelo, ordenó que se presentase el sargento, al que dio instrucciones sobre el destino próximo de los treinta hombres que venían para los trabajos pesados. Puesto que habían dejado de ser necesarios, se quedarían todavía para descansar mañana, y regresarían un día después, Avise al personal de intendencia para que prepare una razonable cantidad de alimentos, treinta hombres son treinta bocas, treinta lenguas y una cantidad enorme de dientes, claro que no será posible proveerlos de comida para todo el tiempo que necesiten hasta llegar a lisboa, pero que ellos se gobiernen por el camino, trabajando o, O robando, acudió el sargento ante la suspensión para no dejar la frase inacabada, Que se las arreglen como puedan, dijo el comandante, recurriendo, ante la falta de algo mejor, a una de las frases que componen la panacea universal, estando a la cabeza, como ejemplo perfecto de la más descarada hipocresía personal y social, esa que recomienda paciencia al pobre al que se acaba de negar una limosna. Los hombres que habían ejercido de capataces quisieron saber cuándo podrían ir a cobrar su trabajo, y el comandante mandó decirles que no sabía, pero que se presentaran en palacio y mandasen recado al secretario o a quien por él pudiera responder, Pero les aconsejo, la frase la repitió el sargento, palabra por palabra, que no vayan todos juntos, por la mala impresión que darían treinta harapientos a la puerta de palacio como si quisieran asaltarlo, en mi opinión deberían ir los capataces, y nadie más, y ésos que traten de ir tan aseados como les sea posible. Uno de ellos, más tarde, encontrando por casualidad al comandante, le pidió licencia para hablar, sólo quería decirle que tenía mucha pena de no llegar a valladolid. El comandante no supo qué responderle, durante algunos segundos se miraron uno a otro en silencio y luego cada cual se fue a su vida.

A los soldados el comandante les hizo un rápido resumen de la situación, esperarían ahí a que llegaran los españoles, todavía no se sabe cuándo será, de momento no hay noticias, en este punto contuvo en el último instante la referencia a las palomas mensajeras, consciente de los inconvenientes de cualquier posible relajación de la disciplina. No sabía que entre los subordinados había dos amantes de las palomas, dos colombófilos, palabra tal vez no existente en la época, salvo por ventura entre los iniciados, pero que ya debía de estar llamando a la puerta, con ese aire falsamente distraído que tienen las palabras nuevas, pidiendo que las dejen entrar. Los soldados estaban de pie, en posición de descanso, postura esta ejecutada ad libitum, sin preocupaciones de armonía corporal. Tiempo vendrá en que estar en reposo formal le costará casi tanto a un militar como la más tensa de las guardias, con el enemigo emboscado al otro lado del camino. En el suelo, extendidos, había manojos de heno con espesura suficiente para que las alas de los omoplatos no tuvieran que sufrir demasiado en contacto con la dureza intratable de las piedras. De pie, los arcabuces se apilaban a lo largo de una pared. Quiera dios que no sea necesario darles uso, pensó el oficial, preocupado con la posibilidad de que la entrega de salomón pudiera desencadenar, por falta de tacto a un lado o a otro, un casus belli. Tenía bien presentes en la memoria las palabras del secretario pedro de alcáçova carneiro, también las explícitas, claro, pero sobre todo las que, pese a no haber sido escritas, se sobreentendían, es decir, si los españoles, o los austriacos, o unos y otros, llegan a mostrarse antipáticos o provocadores, deberá procederse en conformidad. El comandante no conseguía imaginar bajo qué pretexto los soldados que venían de camino, fueran ellos españoles o austriacos, se podían mostrar provocadores, ni siquiera antipáticos. Un comandante de caballería no tiene las luces ni la experiencia política de un secretario de estado, por tanto hará bien en dejarse guiar por quien más sabe, hasta llegar, en caso de que llegue, la hora de la acción. Estaba el comandante dándoles vueltas a estos pensamientos cuando subhro hizo entrada en la improvisada sala donde algunas brazadas de heno habían sido reservadas por diligencia del sargento. Al verlo, el comandante sintió una desazón que sólo podría atribuirse a la incómoda conciencia de que no se había interesado por el estado de salud de salomón, no había ido a verlo, como si, con la llegada a castelo rodrigo, su misión hubiese terminado. Cómo está salomón, preguntó, Cuando lo dejé, dormía, respondió el cornaca, Valiente animal, exclamó con falso entusiasmo el comandante, Vino hasta donde lo trajeron, la fuerza y la resistencia nacieron con él, no son virtud propia, Te veo muy severo con el pobre salomón, Tal vez sea por culpa de la historia que uno de los ayudantes me acaba de contar, Qué historia es ésa, preguntó el comandante, La historia de una vaca, Las vacas tienen historia, volvió el comandante a preguntar, sonriendo, Ésta, sí, fueron doce días y doce noches en unos montes de galicia, con frío, y lluvia, y hielo, y barro, y piedras como navajas, y matorrales como uñas, y breves intervalos de descanso, y más combate y ataques, y aullidos, y mugidos, la historia de una vaca que se perdió en los campos con su cría de leche, y se vio rodeada de lobos durante doce días y doce noches, y fue obligada a defenderse y a defender al hijo, en una larguísima batalla, la agonía de vivir en el límite de la muerte, un círculo de dientes, de fauces abiertas, las arremetidas bruscas, las cornadas que no podían faltar, de tener que luchar por sí misma y por un animalito que todavía no se podía valer, y también esos momentos en que el ternero buscaba las tetas de la madre, y mamaba lentamente, mientras los lobos se aproximaban, con el espinazo tenso y las orejas aguzadas. Subhro respiró hondo y prosiguió, Al cabo de doce días la vaca fue encontrada y salvada, también el ternero, y fueron conducidos en triunfo hasta la aldea, sin embargo el cuento no acaba aquí, la cosa siguió dos días más, tras los que, porque se había convertido en vaca brava, porque aprendió a defenderse, porque nadie podía dominarla o acercársele, la vaca fue muerta, la mataron, no los lobos a los que había vencido durante doce días, sino los mismos hombres que la habían salvado, tal vez el propio dueño, incapaz de comprender que, habiendo aprendido a luchar, aquel antes conformado y pacífico animal no podría detenerse nunca más.

Un silencio respetuoso reinó durante algunos segundos en la gran sala de piedra. Los soldados presentes, aunque no muy experimentados en guerras, baste decir que los más jóvenes nunca habían olido la pólvora en los campos de batalla, estaban asombrados en su foro íntimo por el valor de un irracional, una vaca, imagínense, que había mostrado poseer sentimientos tan humanos como el amor de familia, el don del sacrificio personal, la abnegación llevada hasta el extremo. El primero en hablar fue el soldado que sabía mucho de lobos, Tu historia es bonita, le dijo a subhro, y esa vaca merecía, por lo menos, una medalla al valor y al mérito, pero hay en tu relato algunas cosas poco claras y hasta bastante dudosas, Por ejemplo, preguntó el cornaca con tono de quien ya se está preparando para la lucha, Por ejemplo, quién te contó ese caso, Un gallego, Y cómo lo supo él, Debe de haberlo oído por ahí, O leído, No creo que sepa leer, Lo oyó y lo memorizó, Puede ser, yo me he limitado a repetirlo lo mejor que pude, Tienes buena retentiva, sobre todo teniendo en cuenta que la historia está contada con un lenguaje nada común, Gracias, dijo subhro, pero ahora me gustaría saber qué cosas poco claras y bastante dudosas encuentras tú en el relato, La primera es el hecho de darse a entender, o mejor, de afirmar claramente que la lucha entre la vaca y los lobos duró doce días y doce noches, lo que significaría que los lobos atacaron a la vaca nada más empezar la primera noche y se retiraron, probablemente con bajas, en la última, No estábamos allí, no pudimos verlo, Sí, pero los que conozcan algo sobre lobos saben que esos animales, aunque vivan en manadas, cazan solos, Adónde quieres llegar, preguntó subhro, Quiero llegar a que la vaca no podría resistir un ataque concertado de tres o cuatro lobos, ya no digo doce días, sino una sola hora, Entonces, en la historia de la vaca luchadora es todo mentira, No, mentira son sólo las exageraciones, los adornos del lenguaje, las medias verdades que quieren pasar por verdades completas, Qué crees tú entonces que pasó, preguntó subhro, Creo que la vaca realmente se perdió, que fue atacada por un lobo, que luchó con él y lo obligó a huir tal vez malherido, y después se quedó allí pastando y dando de mamar al ternero, hasta ser encontrada, Y no podría haber ocurrido que llegara otro lobo, Sí, pero eso ya sería mucho imaginar, para justificar la medalla al valor y al mérito un lobo ya es bastante. La asistencia aplaudió pensando que, bien vistas las cosas, la vaca gallega merecía la verdad tanto como la medalla.

Reunida a primera hora de la mañana, la asamblea general de los cargadores decidió, sin votos en contra, que el regreso a lisboa se acometería por rutas menos duras y peligrosas que las de la venida, por caminos más afables y blandos de piso y sin temer las miradas amarillas de los lobos y los sinuosos rodeos con que poco a poco van acorralando los cerebros de sus víctimas. No es que los lobos no aparezcan en las regiones de las costas de mar, por el contrario aparecen, y mucho, y hacen grandes razias en los rebaños, pero es muy diferente caminar entre peñascos que sólo de mirarlos el corazón tiembla y pisar la arena fresca de las playas de pescadores, gente buena siempre capaz de abrir la mano y dar media docena de sardinas como pago de una ayuda, incluso siendo ésta simbólica, en el arrastre del barco. Los cargadores ya tienen sus fardeles y ahora esperan que vengan subhro y el elefante para las despedidas. Alguien tuvo esa idea, seguramente el propio cornaca. Y no se sabe cómo se le habrá ocurrido, puesto que no hay nada escrito acerca del asunto. Una persona puede ser abrazada por un elefante, pero no hay manera alguna de imaginar el gesto contrario correspondiente. Y en cuanto a los apretones de manos, ésos serían simplemente imposibles, cinco insignificantes dedos humanos jamás podrán abarcar una patorra gruesa como un tronco de árbol. Subhro los manda formar en doble línea, quince delante quince detrás, dejando la distancia de una vara entre cada dos hombres, lo que indicaba como probable que el elefante lo que iba a hacer era desfilar ante ellos como si estuviera pasando revista a la tropa. Subhro tomó otra vez la palabra para decir que cada hombre, cuando salomón parase delante, debería extender la mano derecha con la palma hacia arriba y esperar la despedida. Y no tengáis miedo, salomón está triste, pero no está enfadado, se había habituado a vosotros y ahora sabe que os vais, Y cómo puede saber eso, Es una de esas cosas que no merece la pena preguntar, si lo interrogáramos directamente, lo más seguro sería que ni nos respondiera, Porque no lo sabe o porque no quiere, Creo que en la cabeza de salomón el no querer y el no saber se confunden en una gran interrogación sobre el mundo en que lo pusieron a vivir, es más, pienso que en esa interrogación nos encontramos todos, nosotros y los elefantes. Inmediatamente, subhro pensó que acababa de proferir una frase estúpida, de esas que podrían ocupar un lugar de honor en la lista de los vanílocuos, Afortunadamente nadie me ha entendido, murmuró mientras se apartaba para traer al elefante, una cosa buena que tiene la ignorancia es que nos defiende de los falsos saberes. Aquí fuera los hombres se impacientaban, no veían la hora de ponerse en camino, irían a lo largo de la orilla izquierda del río duero para mayor seguridad, hasta llegar a la ciudad de oporto, que tenía reputación de recibir bien a las personas y en donde algunos, así que se solucionara la cuestión del cobro del salario, que sólo en lisboa podría efectuarse, pensaban establecerse. En éstas estábamos, cada cual con sus pensamientos, cuando salomón apareció, moviendo pesadamente sus cuatro toneladas de carne y huesos y sus tres metros de altura. Algunos hombres menos osados sintieron un apretón en la boca del estómago sólo de imaginar que algo malo pudiera suceder en esta despedida, asunto, el de las despedidas entre especies animales diferentes, sobre el que, como dijimos, no existe bibliografía. Seguido por sus ayudantes, a quienes no les falta mucho para que se les acabe el dolce far niente en que han vivido desde que salieron de lisboa, subhro viene sentado en el ancho lomo de salomón, lo que sólo sirve para aumentar el desasosiego de los hombres alineados. La pregunta rondaba todas las cabezas, Cómo podrá ayudarnos si está tan alto. Las dos filas oscilaron una y otra vez, parecía que habían sido sacudidas por un viento fortísimo, pero los cargadores no se dispersaron. Tarea inútil, por otra parte, porque el elefante ya se aproximaba. Subhro hizo que se detuviera delante del hombre que se encontraba en el extremo derecho de la primera fila y dijo en voz clara, La mano tendida, la palma hacia arriba. El hombre hizo lo que le ordenaban, ahí estaba la mano, firme en apariencia. Entonces el elefante posó sobre la mano abierta el extremo de la trompa y el hombre respondió al gesto instintivamente, apretándola como si fuese la mano de una persona, al mismo tiempo que intentaba dominar la contracción que se le estaba formando en la garganta y que podría, si daba rienda suelta, terminar en lágrimas. Temblaba desde los pies a la cabeza, mientras subhro, desde arriba, lo miraba con simpatía. Con el hombre de al lado se repitió más o menos la mímica, pero hubo también un caso de rechazo mutuo, ni el hombre quiso extender el brazo, ni el elefante avanzó la trompa, una especie de antipatía fulminante, instintiva, que nadie sabría explicar, puesto que durante el viaje nada pasó entre los dos que pudiese anunciar semejante hostilidad. En compensación, hubo momentos de vivísima emoción, como el caso del hombre que se desató en un llanto convulsivo como si hubiese reencontrado a un ser querido del que hacía muchos años no tenía noticias. A éste lo trató el elefante con particular complacencia. Le pasó la trompa por los hombros y por la cabeza en caricias que casi parecían humanas, tal era la suavidad y la ternura que de ellas se desprendían con el más mínimo movimiento. Por primera vez en la historia de la humanidad, un animal se despidió, en sentido literal, de algunos seres humanos como si les debiese amistad y respeto, lo que los preceptos morales de nuestros códigos de comportamiento están lejos de confirmar, pero que tal vez se encuentren escritos con letras de oro en las leyes fundamentales de la especie elefantina. Una lectura comparativa de los documentos de ambas partes sería, con toda seguridad, bastante iluminadora y quizá nos ayudara a comprender la reacción negativa mutua que, muy a nuestro pesar, por amor a la verdad, tuvimos que describir más arriba. En el fondo, quién sabe, los hombres y los elefantes no lleguen a entenderse nunca. De todos modos, salomón acaba de soltar un barrito que habrá sido oído en una legua alrededor de figueira de castelo rodrigo, no una legua de las nuestras, sino de las otras, más antiguas y bastante más cortas. Los motivos y las intenciones del berrido estridente que le salió de los pulmones no son fácilmente descifrables por personas como nosotros, que de elefantes sabemos tan poco. Y si fuésemos a preguntarle a subhro qué piensa, en su calidad de perito, lo más seguro es que no quisiera comprometerse y nos diera una respuesta evasiva, de esas que cierran la puerta a cualquier otro intento. No obstante las incertidumbres, siempre presentes cuando se habla de idiomas diferentes, parece justificado admitir que al elefante salomón le haya gustado la ceremonia del adiós. Los cargadores ya estaban en marcha. La convivencia con los militares les había proporcionado, casi sin que se dieran cuenta de ello, ciertos hábitos de disciplina, como estos que se derivan de la orden de formar, por ejemplo, elegir entre organizar una columna de dos o de tres de fondo, puesto que no es lo mismo que se dispongan treinta hombres de una manera o de otra, en el primer caso la columna tendría quince filas, una exageración en superficie fácilmente rompible con la más pequeña conmoción personal o colectiva, mientras que en el segundo caso las filas se reducirían a un sólido bloque de diez, al que sólo le faltarían los escudos para parecer la tortuga romana. De cualquier manera, la diferencia es sobre todo psicológica. Pensemos que estos hombres tienen por delante una larga marcha y que lo natural es que, durante ella, vayan charlando para entretener el tiempo. Ahora bien, dos hombres que tengan que caminar juntos durante dos o tres horas seguidas, incluso suponiendo que sea grande el deseo de comunicación, acabarán fatalmente, más pronto o más tarde, cayendo en silencios incómodos, quién sabe si odiándose. Alguno de esos hombres podría no ser capaz de resistir la tentación de empujar al otro desde lo alto de un ribazo. Razón tienen, por tanto, las personas que dicen que tres fue la cuenta que dios hizo, la cuenta de la paz, la cuenta de la concordia. Siendo tres, por lo menos, uno cualquiera podrá estar callado durante algunos minutos sin que se note demasiado. Lo malo es que uno de ellos, que haya estado pensando en eliminar al otro para quedarse con su fardel, por ejemplo, invite al tercero a colaborar en la reprensible acción, y éste le responda, pesaroso, No puedo, ya estoy comprometido en ayudar para matarte a ti.

Se oyó el trote presuroso de un caballo. Era el comandante que venía a despedir a los cargadores y desearles buen viaje, atención que no es de esperar de un oficial del ejército por reconocidamente bueno que sea su fondo moral, pero que no sería vista con buenos ojos por los superiores, acérrimos defensores de un precepto tan antiguo como la catedral de braga, ese que determina que tiene que haber un lugar para cada cosa, de modo que cada cosa tenga su lugar y de ahí no salga. Como principio básico de una eficaz organización doméstica nada más loable, lo malo es cuando se pretende distribuir a las personas por clases de la misma manera. Lo que parece más que evidente es que los cargadores, en el caso de que se lleguen a concretar las conspiraciones de asesinato que germinan en algunas de esas cabezas, no merecen estas delicadezas. Dejémoslos por tanto entregados a su suerte y veamos qué quiere el hombre que se aproxima a toda prisa, pese a la edad, ya no muy ayudado por las piernas. Las jadeantes palabras que dijo cuando estuvo al alcance de la voz fueron éstas, El señor alcaide manda avisar a vuestra señoría de que la paloma ya ha llegado. O sea, era verdad, las palomas mensajeras regresan a casa. La residencia del alcaide no estaba lejos de allí, pero el comandante espoleó al caballo a una velocidad tal que era como si pretendiera entrar en valladolid antes de la hora del almuerzo. Menos de cinco minutos después se apeaba ante la puerta de la mansión, subía la escalera corriendo y al primer sirviente que encontró le pidió que le condujera ante el alcaide. No fue necesario buscarlo porque éste ya venía por ahí, trayendo en la cara un aire de satisfacción como se supone que sólo podrán tener los amantes de la colombofilia ante los triunfos de sus pupilos. Ya ha llegado, ya ha llegado, venga conmigo, decía con entusiasmo. Salieron a una amplia terraza cubierta donde una enorme jaula de caña ocupaba buena parte de la pared a la que estaba fijada. Ahí está la heroína, dijo el alcaide. La paloma todavía tenía el mensaje atado a la pata, situación que el propietario creyó conveniente aclarar, En general, retiro el mensaje en cuanto la paloma se posa y lo hago porque no quiero que comience a considerar el esfuerzo como mal empleado, pero en este caso he preferido esperar su llegada para darle a usted una satisfacción completa, No sé cómo agradecerlo, señor alcaide, crea que éste es para mí un día grande, No lo dudo, comandante, no todo en la vida son alabardas, alabardas, arcabuces, arcabuces. El alcaide abrió la puerta de la jaula, introdujo el brazo y atrapó a la paloma, que no se resistió ni intentó escapar, al contrario, era como si estuviera extrañada de que no le hubieran prestado atención antes. Con movimientos rápidos pero cuidadosos el alcaide deshizo los nudos, desenrolló el mensaje, una estrecha tira de papel que debería haber sido cortada así para no entorpecer los movimientos del ave. Con frases breves, el espía informaba que los soldados eran coraceros, unos cuarenta, todos austriacos, como austriaco era también el capitán que los comandaba, y que no los acompañaba ningún personal civil o no se notaba. Ligeros de equipaje, comentó el comandante de los caballeros lusíadas, Así parece, dijo el alcaide, Y armas, De armas no habla, imagino que no habrá considerado conveniente incluir información de ese tipo, en compensación dice que, por el andar que traen, deberán llegar a la frontera mañana, sobre las doce del mediodía, Vienen pronto, Tal vez debiésemos invitarlos a almorzar, Cuarenta austriacos, señor alcaide, ni pensarlo, por muy ligeros de equipaje que se presenten, comida suya traerán, o dinero para pagarla, además, lo más seguro es que no les guste lo que nosotros comemos, sin hablar de que alimentar a cuarenta bocas no es cosa que se haga con un chasquido de dedos, por nuestra parte ya comenzamos a estar cortos de víveres, mi parecer, señor alcaide, es que cada uno se ocupe de sí mismo, mientras dios se ocupa de todos, Sea como sea, se mantiene la cena de mañana, Conmigo puede contar, pero, o me equivoco mucho, o está pensando en invitar también al capitán de los austriacos, Loable perspicacia, Y por qué esa invitación, si no abuso demasiado de su confianza preguntándole, Será un gesto de apaciguamiento político, Realmente espera que sea necesario semejante gesto de apaciguamiento, quiso saber el comandante, La experiencia ya me ha enseñado que de dos destacamentos militares colocados frente a frente en una frontera todo se puede esperar, Haré lo que pueda para evitar lo peor, no quiero perder a ninguno de mis hombres, pero si tengo que usar la fuerza, no lo dudaré ni un instante, y ahora, señor alcaide, deme licencia para retirarme, mi personal va a tener mucho que hacer, comenzando por limpiar los uniformes lo mejor posible, con sol y con lluvia hemos pasado casi dos semanas con ellos puestos, con ellos dormimos, con ellos nos levantamos, más que un destacamento militar parecemos una avanzadilla de mendigos, Muy bien, señor comandante, mañana, cuando los austriacos lleguen, estaré con usted, como es mi obligación, De acuerdo, señor alcaide, si necesita de mí hasta entonces, ya sabe dónde puede encontrarme.

De vuelta al castillo, el comandante mandó reunir la tropa. La arenga no fue larga, pero quedó dicho todo lo que convenía saberse. En primer lugar, fuese cual fuese el pretexto, no sería permitida la entrada de los austriacos en el castillo aunque para eso hubiera que recurrir a las armas. Eso sería la guerra, continuó, y espero que no tengamos que llegar a tal extremo, pero con mayor facilidad lograremos lo que pretendemos cuanto más deprisa seamos capaces de convencer a los austriacos de que estamos hablando en serio. Esperaremos su llegada extramuros, y de ahí no nos moveremos aunque muestren intención de entrar. Como comandante, yo me encargaré de los parlatorios, de vosotros, en esos primeros momentos, sólo deseo que cada rostro sea como un libro abierto en una página donde se encuentran escritas estas palabras,

Aquí no entran. Si lo conseguimos, y, cueste lo que cueste, tenemos que conseguirlo, los austriacos serán obligados a pernoctar fuera de los muros, lo que los colocará, desde el principio, en una posición de inferioridad. Es posible que no todo pase con la facilidad que mis palabras parecen estar prometiendo, pero os garantizo que haré todo para que los austriacos oigan de mi boca una respuesta que no dejará en mal lugar al arma de caballería a la que dedicamos nuestras vidas. Incluso no habiendo choque, aunque no llegue a dispararse un tiro, la victoria tendrá que ser nuestra, como nuestra también tendrá que ser si nos obligan a hacer uso de las armas. Estos austriacos, en principio, vienen a figueira de castelo rodrigo únicamente para darnos las bienvenidas y acompañarnos hasta valladolid, pero tenemos razones para sospechar que su propósito es llevarse ellos a salomón y dejarnos aquí con cara de tontos. Pero estoy tan seguro de mí, como de que les va a salir el tiro por la culata. Mañana, antes de las diez, quiero dos atalayas en las torres más altas del castillo, no vaya a suceder que hayan puesto en circulación que llegan a mediodía y nos sorprendan dando de beber a los caballos. Con austriacos nunca se sabe, remató el comandante, sin detenerse a pensar que, en materia de austriacos, éstos eran los primeros y probablemente los únicos de su vida.

El comandante tenía razón con sus desconfianzas, eran poco más de las diez cuando desde lo alto de la torre retumbaron los gritos de alarma de los atalayas, Enemigo a la vista, enemigo a la vista. Es cierto que los austriacos, por lo menos en su versión militar, no gozan de buena reputación entre esta tropa portuguesa, pero de ahí, sin más ni más, a llamarles enemigos va una distancia que el sentido común no puede sino recriminar severamente, llamando la atención de los imprudentes para con los peligros de los juicios precipitados y de la tendencia a condenar sin pruebas. El caso, sin embargo, tiene una explicación. A los centinelas se les había ordenado que dieran voz de alarma, pero a nadie se le ocurrió decirles, ni siquiera al comandante, en general tan precavido, en qué debería consistir esa voz. Ante el dilema de tener que elegir entre Enemigo a la vista, que cualquier civil es capaz de entender, y un tan poco marcial Las visitas están llegando, el uniforme que portaban resolvió decidir por su cuenta, expresándose con el vocabulario y la voz que les son propios. Todavía la última resonancia del alerta vibraba en el aire y ya los soldados corrían hacia las almenas para ver al tal enemigo, que, a esta distancia, unos cuatro o cinco kilómetros, no pasaba de ser una mancha casi negra que apenas parecía avanzar y que, contra las expectativas, no refulgía con las corazas que traían puestas. Un soldado deshizo la duda, No es de extrañar, llevan el sol en la espalda, lo que, reconozcámoslo, es mucho más bonito, mucho más literario, que decir, Están a contraluz. Los caballos, todos zainos y alazanes, con el pelaje en diversos tonos de marrón, de ahí la mancha oscura que formaban, avanzaban al trote corto. Podrían incluso venir al paso, que la diferencia no se notaría, aunque eso haría que se perdiera el efecto psicológico de un avance que pretende presentarse como imparable, pero que, al mismo tiempo, sabe gestionar los medios de que dispone. Es evidente que un buen galope de espadas en alto, género carga de la brigada ligera, proporcionaría a la galería efectos especiales mucho más espectaculares, pero, para una victoria tan fácil como ésta promete ser, sería absurdo cansar a los caballos más allá de lo estrictamente necesario. Esto lo había pensado el comandante austriaco, hombre de larga experiencia en campos de batalla de la europa central, y así lo hizo transmitir a los militares bajo sus órdenes.

Entre tanto, castelo rodrigo se preparaba para el combate. Los soldados, después de ensillar a los animales, los condujeron al paso hasta el exterior y ahí los dejaron vigilados por media docena de camaradas, los más capacitados para una misión que parecería de simple pastoreo si en las puertas de castelo hubiese alguna cosa para comer. El sargento fue a avisar al alcaide de que ya se acercaba el austriaco, Todavía va a tardar un poco, pero tenemos que estar preparados, dijo, Muy bien, respondió el alcaide, yo lo acompaño. Cuando llegaron al castillo, la tropa ya estaba formada frente a la entrada, cerrando el acceso, y el comandante se preparaba para hacer su última arenga. Atraída por la exhibición ecuestre gratuita y por la posibilidad de que el elefante también saliese, una buena parte de la población de figueira de castelo rodrigo, hombres, mujeres, infantes y ancianos, se fue juntando en la plaza, lo que hizo que el comandante le dijera en voz baja al alcaide, Con toda esta gente presente, las hostilidades son poco probables, Pienso lo mismo, pero con el austriaco nunca se sabe, Ha tenido malas experiencias con ellos, preguntó el comandante, Ni malas ni buenas, ninguna, pero sé que siempre existe el austriaco, y eso, para mí, es más que suficiente. Aunque hubiese condescendido con la cabeza en señal de comprensión, el comandante no consiguió captar la sutileza, salvo que tomara austriaco como sinónimo de adversario, de enemigo. Decidió así pasar inmediatamente a la proclama con que esperaba levantar el ánimo desfalleciente de algunos de los hombres. Soldados, dijo, el destacamento austriaco está cerca. Vendrán a reclamar al elefante para llevárselo a valladolid, pero nosotros no acataremos la petición aunque quieran transformarla en imposición sustentada por la fuerza. Los soldados portugueses obedecen con disciplina las órdenes de su rey y de sus autoridades militares y civiles. De nadie más. La promesa del rey, de ofrecer el elefante salomón a su alteza el archiduque de austria, será puntualmente cumplida, pero sólo si los austriacos mantienen respeto total por las formas. Cuando, con la cabeza levantada, volvamos a casa, podremos tener la seguridad de que este día será recordado para siempre jamás, de cada uno de nosotros se ha de decir mientras haya portugal, Él estuvo en figueira de castelo rodrigo. El discurso no pudo llegar a su término natural, es decir, cuando la elocuencia se agota y se pierde en lugares comunes, todavía peores, porque los austriacos ya estaban entrando en la plaza, al frente de ellos venía su comandante. Hubo aplausos del pueblo reunido, pero escasos y de poca convicción. Con el alcaide al lado, el comandante de la hueste lusitana avanzó el caballo los pocos metros necesarios para que se entendiera que estaba recibiendo a los visitantes de acuerdo con las más exquisitas reglas de educación. Fue en ese instante cuando una maniobra de los soldados austriacos hizo resplandecer de golpe, bajo el sol, las corazas de acero pulido. El efecto entre la asistencia fue fulminante. Ante los aplausos y las exclamaciones de sorpresa que surgieron por todos lados, era evidente que el imperio austriaco, sin disparar un solo tiro, había vencido la escaramuza inicial. El comandante portugués comprendió que debería contraatacar inmediatamente, pero no encontraba la manera. Lo salvó del trance el alcaide al decirle en voz baja, Como alcaide debo ser el primero en hablar, tengamos calma. El comandante reculó un poco el caballo consciente de la enorme diferencia, en potencia y belleza, de su montura en comparación con la yegua alazana que el austriaco cabalgaba. El alcaide ya tomaba la palabra, En nombre de la población de figueira de castelo rodrigo, de la que me honro ser alcaide, doy las bienvenidas a los bravos militares austriacos que nos visitan y a quienes les deseo los mejores triunfos en el desempeño de la misión que hasta aquí los ha traído, seguro como estoy de que éstos contribuirán al fortalecimiento de los lazos de amistad que unen a nuestros dos países. Sean pues bienvenidos a figueira de castelo rodrigo. Un hombre sobre una mula dio unos pasos hacia delante y habló al oído del comandante austriaco, que apartó la cara con impaciencia. Era el lengua, el intérprete. Cuando la traducción terminó, el comandante alzó su voz poderosa, acostumbrada a no ser escuchada por oídos desatentos y mucho menos desobedecida, Sabéis por qué estamos aquí, sabéis que hemos venido a buscar el elefante para llevárnoslo a valladolid, es importante que no perdamos tiempo y comencemos ya con los preparativos de la transferencia, de modo que podamos partir mañana lo más temprano posible, son éstas las instrucciones que he recibido de quien puede darlas y que haré cumplir de acuerdo con la autoridad de que me encuentro investido. Estaba claro que no se trataba de una invitación para bailar un vals. El alcaide murmuró, La cena acaba de irse al garete, Así parece, dijo el comandante. Después llegó su turno de levantar la voz, Mis instrucciones son diferentes, las que recibí, también de quien me las podía dar, son simples, llevar el elefante a valladolid y entregarlo al archiduque de austria en persona, sin intermediario. A partir de estas palabras, deliberadamente provocativas y que tal vez acaben teniendo consecuencias serias, serán eliminadas del relato las versiones alternadas del intérprete con el fin no sólo de agilizar la justa verbal, sino también para que quede insinuada con habilidad la idea precursora de que la esgrima de argumentos de un lado y de otro está siendo percibida por ambas partes en tiempo real. Se oye ahora al comandante austriaco, Recelo que su poco comprensiva actitud esté impidiendo una solución pacífica de la diferencia que nos enfrenta, es evidente que el punto central radica en que el elefante, sea quien sea quien lo lleve, tendrá que ir a valladolid, sin embargo, hay pormenores prioritarios a tener en consideración, el primero de los cuales es el hecho de que el archiduque maximiliano al declarar que aceptaba el regalo se convirtió ipso facto en propietario del elefante, lo que significa que las ideas de su alteza el archiduque sobre el asunto tendrán que prevalecer sobre otras, por muy merecedoras de respeto que presuman ser, por tanto, insisto, el elefante debe serme entregado ahora mismo, sin más dilación, como única manera de evitar que mis soldados penetren en el castillo por la fuerza y se apoderen del animal, Ya me gustaría ver cómo lo lograrían, pues tengo treinta hombres cubriendo la entrada del castillo y no estoy pensando decirles que se retiren o que ahuequen alas para dejar pasar a sus cuarenta. En estos momentos la plaza ya estaba casi desierta de paisanos, el ambiente comenzaba a oler a tierra quemada, en casos como éste siempre existe la posibilidad de una bala perdida o de un cintarazo ciego por la espalda, mientras la guerra es sólo un espectáculo, está bien, lo malo es cuando pretenden convertirnos en figurantes, para colmo sin preparación ni experiencia. Eran, por eso, ya pocos los que consiguieron oír la réplica del comandante austriaco a la insolencia del portugués, Los coraceros bajo mi mando podrán, a una simple orden, limpiar del campo, en menos tiempo del que lleva decirlo, la débil fuerza militar que se les opone, más simbólica que efectiva, y así será hecho si no es inmediatamente depuesta la insensata obstinación de la que su comandante está dando muestras, lo que me obliga a avisar de que las inevitables pérdidas humanas, que en la parte portuguesa, dependiendo del grado de resistencia, podrán ser totales, serán de su entera y única responsabilidad, después no vayan por ahí con quejas, Puesto que, si bien lo he entendido, vuestra señoría se propone matarnos a todos, no veo cómo podremos después quejarnos, en cualquier caso supongo que tendrá alguna dificultad en justificar una acción violenta hasta ese punto contra soldados que no hacen más que defender el derecho de su rey a establecer las reglas para la entrega del elefante regalado al archiduque maximiliano de austria, quien, en este caso, me parece haber sido muy mal aconsejado, tanto en el plano político como en el plano militar. El comandante austriaco no respondió inmediatamente, la idea de que tendría que justificar ante viena y lisboa una acción de tan drásticas consecuencias le daba vueltas en la cabeza, y a cada vuelta le parecía más complicada la cuestión. Por fin creyó haber encontrado una plataforma conciliatoria, propuso que les fuese permitido, a él y a sus hombres, entrar en el castillo para certificarse del estado de salud del elefante. Supongo que sus soldados no son veterinarios, respondió el comandante portugués, en cuanto a vuestra señoría, no sé, pero no creo que se haya especializado en el arte de curar bestias, luego no veo ninguna utilidad en dejarlo entrar, por lo menos antes de que me sea reconocido el derecho de ir a valladolid para hacer, personalmente, entrega del elefante a su alteza el archiduque de austria. Nuevo silencio del comandante austriaco. Viendo que la respuesta no llegaba, el alcaide dijo, Yo hablo con él. Al cabo de algunos minutos regresaba con una expresión de alegría en el rostro, Está de acuerdo, Dígale entonces, pidió el comandante portugués, que para mí será un honor acompañarlo en la visita. Mientras el alcaide iba y venía, el comandante portugués dio orden al sargento de mandar formar la tropa en dos filas. Adelantó el caballo cuando la maniobra estuvo concluida, hasta ponerlo al lado de la yegua del austriaco, y le pidió al intérprete que tradujese, Sea otra vez bienvenido a castelo rodrigo, vamos a ver al elefante.

Salvo una pelea sin demasiada importancia entre algunos soldados, tres por cada lado, la caminata hasta valladolid transcurrió sin incidentes destacables. En un gesto de paz digno de mención, el comandante portugués cedió la organización de la caravana, o sea, decidir quién va delante y quién va detrás, al buen albedrío del capitán austriaco, el cual fue muy explícito en su opción, Nosotros vamos delante, el resto que se las arregle como mejor entienda, o, puesto que ya tienen una experiencia, de acuerdo con la disposición de la columna con que salieron de lisboa. Había dos excelentes y obvias razones para haber escogido ir al frente, la primera era el hecho de que, prácticamente, estaban en casa, la segunda, aunque no confesada, porque, en caso de cielo descubierto, como ahora, y hasta que el sol alcanzara el cénit, es decir, durante las mañanas, tendrían al llamado astro rey de frente desde la primera línea, con evidente beneficio para el fulgor de las corazas. En cuanto a repetir la disposición de la columna, nosotros sabemos que tal no será posible, puesto que los hombres de carga ya van camino de lisboa, con parada por la que será, en un futuro todavía distante, la invicta y siempre leal ciudad de oporto. De todos modos, no había que darle muchas vueltas, si se mantiene vigente la norma de que el más lento de la caravana será el que marque el paso, y por tanto la velocidad de avance, entonces no hay duda, los bueyes marcharán detrás de los coraceros, que tendrán naturalmente vía libre para galopar siempre que les apetezca, a fin de que el gentío que se acerque al camino para ver el desfile no pueda confundir churras con merinas, proverbio castellano que utilizamos precisamente por estar en castilla y no desconocer la capacidad sugestiva de un leve toque de color local, siendo que las churras, para quien no lo sepa, son lana sucia y las merinas las lanas limpias. O, con otras palabras, una cosa son los caballos, para colmo montados por coraceros chapados de sol, y otra, muy diferente, dos juntas de bueyes flacos tirando de un carro cargado con una cuba de agua y unos cuantos fardos de forraje para un elefante que viene a continuación y trae a un hombre encaramado en el lomo. Después del elefante viene ya el destacamento de caballería portuguesa, todavía trémulo de orgullo por su valerosa actuación en la víspera, tapando con sus propios cuerpos la entrada del castillo. A ninguno de los soldados que aquí van se le olvidará, por muchos años que viva, el momento en que, tras la visita al elefante, el comandante austriaco le dio orden al sargento de montar el campamento allí mismo, en la plaza, Es sólo por una noche, justificó, al abrigo de unos cuantos robles que, aunque por la edad hubieran visto muchas cosas, nunca soldados durmiendo al relente al lado de un castillo donde hubieran podido alojarse con toda comodidad tres divisiones de infantería con sus respectivas bandas de música. El triunfo sobre las abusivas pretensiones de los austriacos, que había sido absoluto, era también, cosa rara en casos como éste, el triunfo del sentido común, porque, por mucha sangre que hubiese corrido en castelo rodrigo, cualquier guerra entre portugal y austria sería no sólo absurda, sino impracticable, a no ser que los dos países alquilaran, por ejemplo, a francia, una porción de su territorio, más o menos a medio camino entre los dos contendientes, para poder alinear las tropas y organizar los combates. En fin, todo está bien cuando bien acaba.

Subhro no está seguro de que pueda sacarle algún tipo de provecho al tranquilizador refrán. Los babiecas que lo ven pasar por el camino, encumbrado a tres metros de altura y vistiendo su colorido traje nuevo, el de ir a ver a la madrina, si la tuviera, que se puso, no por vanidad personal, sino para que el país de donde venía fuese bien visto, suponen que ahí va un ser dotado de poderes extraordinarios, cuando la realidad es que el pobre hindú tiembla al pensar en su futuro próximo. Cree que hasta valladolid tendrá garantizado el empleo, alguien habrá de pagarle el tiempo y el trabajo, parece pequeña cosa viajar a lomos de un elefante, pero quien dice eso es que nunca ha sufrido la experiencia de obligarlo, por ejemplo, a ir a la derecha cuando él quiere ir a la izquierda. Por eso, de ahí en adelante los aires se turbaron. Que haya pensado desde el primer día que su misión era acompañar a salomón hasta viena, motivos creía tener, porque eso entraba en el dominio de lo implícito, dado que si un elefante tiene su cornaca personal, es natural que a donde fuere uno tendrá que ir el otro. Pero que se lo hayan dicho, mirándole a los ojos, eso nunca sucedió. A valladolid, sí, pero nada más. Es por tanto natural que la imaginación de subhro le haya inducido a representarse la peor de las situaciones posibles, llegar a valladolid y encontrar otro cornaca a la espera del testigo para proseguir la jornada y, al llegar a viena, vivir de barriga saciada en la corte del archiduque maximiliano. Sin embargo, al contrario de lo que cualquiera pueda pensar, acostumbrados como estamos a colocar los bajos intereses materiales por encima de los auténticos valores espirituales, no fue la comida y la bebida, y la cama hecha todos los días, lo que hizo suspirar a subhro, sino una revelación súbita que, siendo revelación, súbita no lo era en sentido riguroso, pues los estados latentes también cuentan, como amar a ese animal y no querer separarse de él. Sí, pero si ya estuviera en valladolid otro cuidador esperando a tomar posesión del cargo, las razones del corazón de subhro no pesarán nada en la imparcial balanza del archiduque. Fue entonces cuando subhro, balanceándose al ritmo de los pasos del elefante, dijo en voz alta, desde arriba, donde no podía ser oído, Necesito tener una conversación en serio contigo, salomón. Afortunadamente no había nadie presente, pensarían que el cornaca estaba loco y, en consecuencia, la seguridad de la caravana corría serio peligro. A partir de ese momento los sueños de subhro tomaron otra dirección. Como en un caso de amores contrariados, de esos que todo el mundo no se sabe por qué no puede evitar, subhro huía con el elefante a través de planicies, colinas y montañas, iba por la orilla de lagos, atravesaba ríos y bosques engañando la persecución de los coraceros, a quienes no les servía de mucho el rápido galopar de sus alazanes, porque un elefante, cuando quiere, también es capaz de sus trotecitos. Esa noche subhro, que nunca dormía lejos de salomón, se le acercó más teniendo cuidado de no despertarlo, y empezó a hablarle al oído. Vertía las palabras dentro de la oreja, en un susurro ininteligible, que tanto podía ser hindi como bengalí, o una lengua sólo de los dos conocida, nacida y criada en los años de soledad, que soledad fue, incluso cuando la interrumpían los grititos de los hidalguiños de la corte de lisboa o las carcajadas del populacho de la ciudad y alrededores, o, antes de eso, en el largo viaje en barco que los trajo a portugal, las burlas de los marineros. Por absoluto desconocimiento de las lenguas, no podemos revelar lo que estuvo diciendo subhro al oído de salomón, pero, conocidas las inquietantes expectativas que preocupan al cornaca, no es imposible imaginar en qué habrá consistido la conversación. Subhro, simplemente, estaba pidiéndole ayuda a salomón, haciéndole ciertas sugerencias prácticas de comportamiento, como, por ejemplo, manifestar, con los procedimientos más expresivos al alcance de cualquier elefante, incluyendo los radicales, su descontento por la separación forzada del cornaca, si ése llega a ser el caso. Un escéptico objetará que no se puede esperar mucho de una conversación de éstas, una vez que el elefante no dio ninguna respuesta a la petición, sino que siguió durmiendo plácidamente. Es no conocer a los elefantes. Si les hablan al oído en hindi o en bengalí, sobre todo cuando duermen, son como el genio de la lámpara, que nada más salir pregunta, Qué manda mi señor. De todos modos, estamos en condiciones de anticipar que nada sucederá en valladolid. A la noche siguiente, movido por el arrepentimiento, subhro fue a decirle a salomón que no hiciese caso de lo que le había pedido, que había sido peor que el peor de los egoístas, que ésas no eran maneras de resolver los asuntos, Si sucede lo que me temo, soy yo quien deberá asumir las responsabilidades y tratar de convencer al archiduque de que nos deje seguir juntos, porque, óyeme, suceda lo que suceda, tú no haces nada, me oyes, no haces nada. El mismo escéptico, si aquí estuviera, no tendría otro remedio que dejar a un lado durante un instante su escepticismo y reconocer, Bonito gesto, este cornaca es realmente un buen hombre, no hay duda de que las mejores lecciones nos llegan siempre de la gente sencilla. Con el espíritu en paz, subhro regresó a su jergón de paja y en pocos minutos dormía. Cuando despertó a la mañana siguiente y recordó la decisión que había tomado, no pudo evitar preguntarse a sí mismo, Y para qué iba a querer el archiduque un cornaca si ya está servido con éste. Y siguió desafiando sus razones, Tengo al capitán de los coraceros por testigo y garante, nos vio en el castillo y es imposible que no se haya dado cuenta de que pocas veces se habrá visto una conjunción más perfecta entre un animal y una persona, es verdad que de elefantes entenderá poco, pero sabe bastante de caballos, y eso ya es algo. Que salomón tenga un buen fondo natural, todo el mundo lo reconoce, pero yo pregunto si con otro cornaca él habría hecho lo que hizo en la despedida de los hombres de carga. No es que lo haya enseñado, quiero dejarlo aquí bien claro, eso fue cosa que le salió espontáneamente del alma, yo mismo pensaba que él llegaría allí, haría, como mucho, un movimiento con la trompa, soltaría un barrito, daría dos pasos de danza y adiós, hasta la vista, pero, conociéndolo como lo conozco, comencé a sospechar que algo andaba germinando en esa cabezorra que nos iba a dejar estupefactos a todos. Imagino que mucho se habrá escrito ya sobre los elefantes como especie y mucho más se habrá de escribir en el futuro, pero dudo que alguno de esos autores haya sido testigo o simplemente haya oído hablar de un prodigio elefantino que se pueda comparar con aquel que, apenas sin dar crédito a lo que mis ojos veían, presencié en castelo rodrigo.

En la columna de los coraceros hay diferencias de opinión. Unos, tal vez por ser más jóvenes y atrevidos, todavía con sangre en las venas, defienden que su comandante debería, costase lo que costase, haber mantenido hasta el último reducto la línea estratégica con que entró en castelo rodrigo, o sea, la entrega inmediata y sin condiciones del elefante, incluso aunque llegara a ser necesario hacer uso persuasorio de la fuerza. Todo menos aquella súbita rendición ante las provocaciones sucesivas del capitán portugués, que hasta parecía ansioso por pasar a vías de hecho, aunque tuviera la certeza matemática de que acabaría derrotado en la confrontación. Pensaban éstos que bastaría un simple gesto de efecto, como el desenvainar simultáneo de cuarenta espadas a la orden de atacar, para que la aparente intransigencia de los escuálidos portugueses se desmoronase y las puertas del castillo fueran abiertas de par en par para los vencedores austriacos. Otros, encontrando igualmente incomprensible la actitud abdicante del capitán, consideraban que el primer error fue llegar al castillo y, sin más hablas, imponerse, Traigan aquí el elefante, que no tenemos tiempo que perder. Cualquier austriaco, nacido y criado en la europa central, sabe que en un caso como éste habría que dialogar, ser amable, interesarse por la salud de la familia, hacer un comentario lisonjero sobre el aspecto de los caballos portugueses y la majestad imponente de las fortificaciones de castelo rodrigo, y después, sí, como quien súbitamente recuerda tener un asunto más que tratar, Ah, es verdad, el elefante. Otros militares aún, más atentos a las duras realidades de la vida, argumentaban que si las cosas hubieran pasado como querían los colegas, estarían ahora en el camino con el elefante y sin nada que darle de comer, puesto que no tendría ningún sentido que los portugueses hubiesen dejado ir el carro de los bueyes con los fardos de forraje y la cuba del agua, quedándose ellos en castelo rodrigo, no se sabe cuántos días a la espera del regreso, Esto sólo tiene una explicación, remató un cabo que tenía cara de haber hecho estudios, el capitán no traía órdenes del archiduque o de quienquiera que fuese para exigir la entrega inmediata del elefante, y sólo después, durante el camino o ya en castelo rodrigo, se le ocurrió la idea, Si yo pudiese excluir a los portugueses de esta partida de naipes, pensó, las honras serían todas para mis hombres y para mí. Es legítimo preguntarse cómo es posible llegar a oficial de los coraceros austriacos con pensamientos de estos y tan grave falta de sinceridad, pues, como hasta un niño fácilmente comprendería, la amistosa alusión a los soldados no pasó de mera táctica para disimular su propia y exclusiva ambición. Una pena. Somos, cada vez más, los defectos que tenemos, no las cualidades.

La ciudad de valladolid decidió poner de manifiesto sus mejores galas para recibir al paquidermo desde hacía tanto tiempo esperado, llegándose al extremo, como si de una procesión mayor se tratase, de colocar unas cuantas colgaduras en los balcones y poner a fluctuar con la brisa ya casi otoñal unos cuantos pendones que todavía no habían perdido del todo el colorido. Vestidas de limpio hasta donde en aquellas difíciles épocas lo permitía la poca higiene, las familias recorrían las calles, éstas bastante menos limpias, impelidas, las familias, por dos ideas centrales, saber dónde se encontraba el elefante y qué iba a pasar después. Había aguafiestas que afirmaban que el elefante era un rumor, tal vez apareciera un día, sí, pero de momento no se podía saber cuándo tal sucedería. Había quien jurase que el pobre animal, exhausto, estaba reposando desde su llegada, ayer, tras los largos y duros caminos que tuvo que recorrer hasta llegar a valladolid, primero entre lisboa y figueira de castelo rodrigo, después entre la frontera portuguesa y esta ciudad que tenía la honra de albergar desde hacía dos años, en su cualidad de regente de españa, las excelsas personas de su alteza real el archiduque maximiliano y su esposa, maría, hija del emperador carlos quinto. Esto se escribe para que se vea cuán importante era este mundo de personajes, todos ellos pertenecientes a las más altas realezas, que vivieron en el tiempo de salomón y que, de una manera u otra, no sólo tuvieron conocimiento directo de su existencia, sino también de las épicas aunque pacíficas hazañas que protagonizó. Ahora mismo, el archiduque y la esposa asisten, embelesados, al aseo del elefante, en presencia de miembros distinguidos de la corte y del clero y de algunos artistas expresamente llamados para inmortalizar en papel, en tabla o en tela el semblante del animal y su imponente esqueleto. Orienta las operaciones, para las que, una vez más, no faltan el agua a chorros y el cepillo de fibra de palmera y palo largo, el álter ego de salomón que es el hindú subhro. Subhro está feliz porque no ha visto desde que llegó, hace más de veinticuatro horas, ninguna señal de la intrusión de otro cornaca, pero ya ha sido informado oficialmente por el intendente del archiduque de que salomón, de aquí en adelante, pasará a llamarse solimán. Le disgustó profundamente el cambio de nombre, pero, como se suele decir, que se pierdan los anillos y que queden los dedos. La apariencia de solimán, resignémonos, no tenemos otro remedio que llamarlo así, había mejorado mucho con el lavado general a que fue sujeto, pero se convirtió en un auténtico esplendor, diremos que hasta un deslumbramiento, cuando, con gran esfuerzo, unos cuantos criados le lanzaron por encima una enorme gualdrapa en que más de veinte bordadoras estuvieron trabajando durante semanas, sin interrupción, una obra que difícilmente encontrará par en el mundo, tal era la abundancia de piedras que, aunque no todas fueran preciosas, brillaban como si lo fuesen, más el hilo de oro y los opulentísimos terciopelos. Qué manera de malgastar, rezongó consigo mismo el arzobispo, sentado a poca distancia del archiduque, con todo lo que se ha derrochado en este animal se habría bordado un palio magnífico para la catedral, para no tener que salir siempre con el mismo, como si fuésemos, en vez de valladolid, una aldea de medio pelo, de esas de por ahí. Un gesto del regente le interrumpió los subversivos pensamientos. No fue necesario entender las palabras, bastó el juego de las reales manos, apuntando, bajando, subiendo, era clarísimo, el archiduque quería hablar con el cornaca. Acompañado por un dignatario menor de la corte, a subhro le pareció que estaba soñando un sueño ya soñado, cuando, en el inmundo vallado de belén, fue conducido ante un hombre de barbas largas que era el rey de portugal, juan tercero. Este señor que ahora lo manda llamar no lleva barba, tiene la cara perfectamente afeitada, y es, sin favor ninguno, una hermosa figura de hombre. A su lado está sentada la guapísima esposa, la archiduquesa maría, en cuyo rostro y cuerpo la belleza no durará mucho porque parirá ni más ni menos que dieciséis veces, diez varones y seis hembras. Una barbaridad. Subhro se detiene ante el archiduque, y aguarda las preguntas. Cómo te llamas, fue, como era más que previsible, la primera, Mi nombre es subhro, mi señor, Sub, qué, Subhro, mi señor, ése es mi nombre, Y significa algo ese tu nombre, Significa blanco, mi señor, En qué lengua, En bengalí, mi señor, una de las lenguas de la india. El archiduque se quedó en silencio durante algunos segundos, después preguntó, Eres natural de la india, Sí, mi señor, fui a portugal con el elefante, hace dos años, Te gusta tu nombre, No lo elegí, fue el nombre que me dieron, mi señor, Escogerías otro, si pudieras, No lo sé, mi señor, nunca he pensado en eso, Qué dirías tú si yo te hiciese cambiar de nombre, Vuestra alteza habría de tener una razón, La tengo. Subhro no respondió, demasiado bien sabía que no está permitido dirigirles preguntas a los reyes, ése puede ser el motivo por el que siempre ha sido difícil, y a veces incluso imposible, obtener una respuesta para las dudas y las perplejidades de sus súbditos.

Entonces el archiduque maximiliano dijo, Tu nombre es trabajoso de pronunciar, Ya me lo habían dicho, mi señor, Estoy seguro de que en viena nadie lo entendería, El mal será mío, mi señor, Pero ese mal tiene remedio, pasarás a llamarte fritz, Fritz, repitió con voz dolorida subhro, Sí, es un nombre fácil de retener, además hay ya una cantidad enorme de fritz en austria, tú serás uno más, pero el único con un elefante, Si vuestra alteza me lo permite, yo preferiría seguir con mi nombre de siempre, Ya lo he decidido, y quedas avisado de que me enfadaré contigo si vuelves a pedírmelo, métete en la cabeza que tu nombre es fritz y ningún otro, Sí, mi señor. Entonces el archiduque, levantándose del suntuoso asiento que ocupaba, dijo en alta y sonora voz, Atención, este hombre acaba de aceptar el nombre de fritz que le he dado, eso más la responsabilidad de ser el cuidador del elefante solimán me llevan a determinar que por todos vosotros sea tratado con consideración y respeto, bajo pena, en caso de desacato, de que los responsables sufran las consecuencias de mi desagrado. El aviso no cayó bien en los espíritus, hubo de todo en el brevísimo murmullo que se produjo a continuación, acatamiento disciplinado, ironía benevolente, irritación ofendida, figúrense, tener que guardar respeto a un cornaca, a un domador, a un hombre que apesta a animales salvajes, como si fuese una primera figura del reino, lo que nos salva es que en poco tiempo se le pasará el capricho al archiduque. Dígase, sin embargo, por amor a la verdad, que un otro murmullo no tardó en oírse, uno en que no se percibían sentimientos hostiles o contradictorios, porque fue de pura admiración, cuando el elefante levantó con la trompa y uno de los colmillos al cornaca y lo depositó en su amplia nuca, espaciosa como una era. Entonces el cornaca dijo, Fuimos subhro y salomón, ahora seremos fritz y solimán. No se dirigía a nadie en particular, se lo decía a sí mismo, sabiendo que estos nombres nada significan, incluso habiendo venido a ocupar el lugar de otros que sí tenían significado. Nací para ser subhro, y no fritz, pensó. Guió los pasos de solimán hasta el recinto que le fue consignado, un patio del palacio que, a pesar de ser interior, tenía fácil comunicación con la calle, y allí lo dejó con sus forrajes y su abrevadero de agua, además de la compañía de los dos ayudantes que desde lisboa habían venido. Subhro, o fritz, va a ser difícil habituarnos, necesita hablar con el comandante, el nuestro, que el de los coraceros austriacos no volvió a aparecer, debe de estar haciendo penitencia por el mal papel que protagonizó en figueira de castelo rodrigo. Todavía no será para despedirse, los lusíadas sólo parten mañana, subhro pretende conversar un poco sobre la vida que le espera, anunciar que les cambiaron los nombres, a él y al elefante. Y desearles, a él y a sus soldados, buen viaje de regreso, en fin, adiós, hasta nunca más. Los militares están acampados a poca distancia de la ciudad, en una arboleda, con un arroyo de aguas claras que corren, donde la mayor parte de ellos ya se ha bañado. El comandante fue al encuentro de subhro y, viéndolo con cara de circunstancias, preguntó, Pasa algo, Nos han cambiado los nombres, ahora soy fritz, y salomón pasa a ser solimán, Quién ha hecho eso, Lo ha hecho quien podía, el archiduque, Y por qué, Él lo sabrá, en mi caso porque subhro le parece difícil de pronunciar, Hasta que nos acostumbramos, Sí, pero él no tiene a nadie que le diga que debería acostumbrarse. Hubo un silencio incómodo, que el comandante rompió lo mejor que pudo, Partimos mañana, dijo, Ya lo sabía, respondió subhro, vine aquí a despedirme, Volveremos a vernos, preguntó el comandante, Lo más seguro es que no, viena está lejos de lisboa, Me da pena, ahora que ya éramos amigos, Amigo es una palabra grande, señor, yo no soy más que un cornaca a quien le acaban de cambiar el nombre, Y yo un capitán de caballería al que algo también le ha mudado por dentro durante este viaje, Supongo que haber visto lobos por primera vez, Vi uno hace muchos años, cuando era pequeño, ya ni me acuerdo, La experiencia de los lobos debe de cambiar mucho a las personas, No creo que ésa fuera la causa, Entonces el elefante, Es más probable, si bien que, pudiendo comprender más o menos a un perro o a un gato, no consigo entender a un elefante, Los perros y los gatos viven a nuestro lado, eso facilita mucho la relación, incluso si nos equivocamos, la convivencia resolverá la cuestión, ellos, no sabemos si se equivocan y si tienen conciencia de eso, Y el elefante, El elefante, ya lo dije otro día, es otra cosa, en un elefante hay dos elefantes, uno que aprende lo que se le enseña y otro que persiste en ignorarlo todo, Cómo sabes tú eso, He descubierto que soy tal cual el elefante, una parte de mí aprende, la otra ignora lo que la otra parte aprendió, y tanto más va ignorando cuanto más tiempo va viviendo, No soy capaz de seguirte en esos juegos de palabras, No soy yo quien juega con las palabras, son ellas las que juegan conmigo, Cuándo parte el archiduque, Oí decir que de aquí a tres días, Voy a sentir tu falta, Y yo la suya, dijo subhro, o fritz. El comandante le tendió la mano, subhro la apretó con poca fuerza, como si no quisiera lastimarlo, Nos vemos mañana, dijo, Nos vemos mañana, repitió el militar. Se dieron la espalda el uno al otro y se apartaron. Ninguno de los dos miró atrás.

Al día siguiente, temprano, subhro volvió al campamento, llevando con él al elefante. Lo acompañaban los dos ayudantes, que se subieron inmediatamente al carro de los bueyes, donde pensaban disfrutar del más agradable de los paseos. Los soldados esperaban la orden de montar. El comandante se aproximó al cornaca y dijo, Aquí nos separamos, Les deseo buen viaje, capitán, a usted y a sus hombres, Tú y salomón todavía tenéis mucho camino por andar desde aquí hasta viena, supongo que ya será invierno cuando lleguéis, Salomón me lleva a sus espaldas, no me cansaré mucho, Por lo que creo saber, esas tierras son de frío, nieve y hielo, molestias que nunca tuviste que sufrir en lisboa, Frío, alguno, hay que decirlo, señor, Lisboa es la ciudad más fría del mundo, dijo el comandante sonriendo, lo que la salva es estar donde está. Subhro sonrió también, la conversación era interesante, podría quedarse allí el resto de la mañana y la tarde, partir sólo al día siguiente, qué diferencia iba a haber, me pregunto, llegar a casa veinticuatro horas más tarde. Fue en ese momento cuando el comandante decidió pronunciar su discurso del adiós, Soldados, subhro ha venido a despedirse de nosotros y trae, para nuestra alegría, al elefante cuya seguridad tuvimos la responsabilidad de proteger durante las últimas semanas. Haber compartido las horas con este hombre ha sido una de las más felices experiencias de mi vida, quizá porque en la india se sepan algunas cosas que nosotros desconocemos. No tengo la seguridad de haber llegado a conocerlo bien, pero la tengo, sí, de que él y yo podríamos ser, más que simples amigos, hermanos. Viena está lejos, lisboa más lejos aún, es probable que no nos veamos nunca más, y tal vez sea mejor así, que guardemos el recuerdo de estos días de tal manera que se pueda decir que también nosotros, estos modestos soldados portugueses, tenemos memoria de elefante. El capitán todavía siguió hablando unos cinco minutos más, pero lo esencial ya estaba dicho. Mientras él hablaba subhro pensaba en lo que haría el elefante, si se le ocurriría algo similar a lo que fue la despedida de los hombres de carga, pero la verdad es que las repeticiones decepcionan casi siempre, pierden la gracia, se les nota que falta espontaneidad, y, si la espontaneidad falta, falta todo. Mejor sería que simplemente nos separásemos, pensó el cornaca. El elefante, sin embargo, no estaba de acuerdo. Cuando el discurso terminó y el capitán se aproximó a subhro para abrazarlo, salomón dio dos pasos adelante y tocó con el extremo de la trompa, esa especie de labio palpitante, el hombro del militar. La despedida de los cargadores había sido, digámoslo así, más cinematográfica, pero ésta, quizá porque los soldados estén habituados a otro tipo de adioses, tipo Honrad la patria, que la patria os contempla, les tocó las cuerdas sensibles, y no fueron ni uno ni dos los que tuvieron que enjugarse, avergonzados, las lágrimas con las mangas de la guerrera o de la chaqueta, o comoquiera que se llamase en la época esa pieza del vestuario militar. El cornaca acompañó a salomón en la revista, dándose también él por despedido. No era hombre para permitir que se le desmandara el corazón en público, incluso cuando, como ahora, lágrimas invisibles se le deslizaban cara abajo. La columna se puso en movimiento, el carro de bueyes va delante, se acabó, no los volveremos a ver en este teatro, la vida es así, los actores aparecen, luego salen del escenario, porque lo apropiado, lo común, lo que siempre sucede más pronto o más tarde, es declamar las hablas que aprendieron y hacer mutis por la puerta del fondo, la que da al jardín. Más adelante el camino hace una curva, los soldados detienen los caballos para levantar un brazo y dar un último adiós. Subhro les imita el gesto y salomón deja salir de la garganta su barrito más sentido, es todo cuanto se les permite hacer, este telón caído ya no se levantará más.

El tercer día amaneció lluvioso, lo que enfadó especialmente al archiduque porque, aunque no le faltaba personal para organizar la caravana de la manera más funcional y efectiva, insistió en ser él quien decidiera en qué lugar del cortejo debería marchar el elefante. Era simple, exactamente delante del carro que les transportaría a él y a la archiduquesa. Un privado de confianza le rogó que atendiera al hecho conocido de que los elefantes, tal como, por ejemplo, los caballos, defecan y orinan en movimiento, El espectáculo ofendería inevitablemente la sensibilidad de sus altezas, anticipó el privado poniendo cara de profunda inquietud cívica, a lo que el archiduque respondió que no se preocupase con ese asunto, siempre habría gente en la caravana para limpiar el camino cada vez que se produjesen tales deposiciones naturales. Lo malo era la lluvia. Al elefante, históricamente acostumbrado al monzón, tanto es así que lo había echado de menos en los últimos dos años, no se le alterarían ni los humores ni el ritmo de los pasos, el problema, que realmente requería solución, era el archiduque. Se comprende. Atravesar media españa detrás de un elefante para el que había sido bordada esa que tal vez fuese la más bella gualdrapa del mundo y no poder usarla porque la lluvia la dañaría seriamente hasta el punto de no servir ni para un palio de aldea, sería la peor de las decepciones de su archiducado. Pues bien, maximiliano no daría ni un paso mientras solimán no estuviera debidamente cubierto, con los afeites de la gualdrapa refulgiendo al sol. He aquí por tanto lo que él dijo, Esta lluvia tendrá que parar alguna vez, vamos a esperar a que escampe. Y así fue. Durante dos horas la lluvia no cesó, pero al cabo de ese tiempo el cielo comenzó a clarear, había nubes, más o menos oscuras, y de repente dejó de llover, el aire se hizo más leve, transparente a la primera luz del sol, por fin descubierto. De tan contento que estaba, el archiduque se permitió dar una palmadita intencionalmente pícara en el muslo de la archiduquesa. Retomada la compostura, mandó venir a un ayudante de campo al que le dio orden de galopar hasta la cabecera de la columna, donde brillaban los coraceros, Que arranquen inmediatamente, dijo, tenemos que recuperar el tiempo perdido. En este intermedio, los criados responsables, con gran esfuerzo, ya habían acercado la inmensa gualdrapa y, siguiendo las indicaciones de fritz, la extendieron sobre el poderoso dorso de solimán. Vestido con un traje que por la calidad de los tejidos y el lujo de la confección dejaba en mantillas el que trajo de lisboa y que tanto afectó al equilibrio del erario público local, fritz fue izado hasta el lomo de solimán, donde, por delante y por detrás, podía disfrutar de la imponente visión de la caravana en toda su extensión. Más alto que él no viajaba nadie, ni siquiera el archiduque de austria con todo su poder. Capaz de mudar de nombre a un hombre y a un elefante, pero con los ojos a la altura de la más común de las personas, era conducido dentro de un coche donde los perfumes no conseguían disimular todos los malos olores exteriores.

Es lógico que se quiera saber si toda esta caravana va camino de viena. Aclaremos ya que no. Una buena parte de los que van viajando aquí a lo grande no irá más allá del puerto de mar de la villa de rosas, junto a la frontera francesa. Allí se despedirán de los archiduques, asistirán probablemente al embarque, y sobre todo observarán con preocupación qué consecuencias tendrá la súbita carga de las cuatro toneladas brutas de solimán, si el combés del barco aguantará tanto peso, en fin, si no regresarán a valladolid con una historia de naufragio que contar. Los más agoreros prevén daños a la navegación y a la seguridad del barco causados por el elefante, asustado con el balanceo de la embarcación, inseguro, incapaz de mantenerse en equilibrio sobre las patas, No quiero ni pensarlo, decían compungidos a los más próximos, lisonjeándose a sí mismos con la posibilidad de poder decir, Yo ya lo avisé. Se olvidan los aguafiestas de que este elefante vino de lejos, de la india remota, desafiando impávido las tormentas del índico y del atlántico, y helo aquí, firme, decidido, como si no hubiese hecho otra cosa en su vida sino navegar. De momento, y sin embargo, sólo se trata de andar. De momento. Una persona mira el mapa y sólo de mirarlo se cansa. Y, no obstante, parece que todo está cerca, por decirlo de alguna manera, al alcance de la mano, la explicación, evidentemente, se encuentra en la escala. Es fácil de aceptar que un centímetro en el mapa equivalga a veinte kilómetros en la realidad, pero lo que no solemos pensar es que nosotros mismos sufrimos en la operación una reducción dimensional equivalente, por eso, siendo ya tan mínima cosa en el mundo, lo somos infinitamente menos en los mapas. Sería interesante saber, por ejemplo, cuánto mediría un pie humano en esa misma escala. O la pata de un elefante. O la comitiva toda del archiduque maximiliano de austria.

No han pasado más de dos días y el cortejo ya ha perdido buena parte de su esplendor. La persistente lluvia que cayó en la mañana de la salida tuvo una acción nefasta en las ornamentaciones de los coches y carruajes, pero también en las indumentarias de quienes, por deber de cargo, tuvieron que arrostrar la intemperie más o menos tiempo. Ahora la caravana avanza por una región donde parece que no ha llovido desde el principio del mundo. El polvo comienza a levantarse con el paso de los coraceros, a quienes la lluvia tampoco había perdonado, pues una coraza no es una caja hermética, las partes que la componen no siempre se ajustan bien unas a las otras y las uniones hechas con correas dejan espacios por donde las espadas y las lanzas pueden penetrar casi sin obstáculo, en definitiva, todo ese esplendor, orgullosamente exhibido en figueira de castelo rodrigo, no sirve de mucho en la vida práctica. Después viene una fila enorme de carros, galeras, coches y carruajes de todos los tipos y finalidades, los carros de carga, los escuadrones de la servidumbre, y todo esto levanta polvo que, por falta de viento, quedará suspenso en el aire hasta que la tarde se cierre. Esta vez no se ha cumplido el precepto de que la velocidad del más lento determina la velocidad general. Los dos carros de bueyes que traen el forraje y el agua para el elefante fueron relegados a la cola del cortejo, lo que significa que de vez en cuando es necesario mandar parar todo para que el conjunto pueda restituirse. Lo que aburre e irrita a todo el mundo, comenzando por el archiduque, que mal disimula su contrariedad, es la siesta obligatoria de solimán, ese descanso del que supuestamente nadie más se beneficia a no ser él, pero del que, al final, todos acaban aprovechándose, aunque insistan en sus críticas, diciendo, Así nunca vamos a llegar. La primera vez que la caravana se detuvo y comenzó a circular la noticia de que la causa era la necesidad de descanso de solimán, el archiduque mandó llamar a fritz para preguntarle quién mandaba allí, la pregunta no fue exactamente así, un archiduque de austria nunca se rebajaría admitiendo que pudiese haber alguien que mandara más que él dondequiera que él estuviese, pero, tal como la dejamos formulada, en una expresión de tono decididamente popular, la única respuesta acorde con la situación debería ser que fritz, por vergüenza, se metiera bajo tierra. Tuvimos ocasión de verificar, sin embargo, a lo largo de estos días, que subhro no es hombre que se asuste fácilmente, y ahora, en este su nuevo avatar, es difícil, si no imposible, imaginarlo en silencio por un ataque de timidez, con el rabo entre las piernas, diciendo, Deme sus órdenes, mi señor. Su respuesta fue ejemplar, Si el archiduque no ha hecho delegación de autoridad, el mando absoluto le pertenece por derecho, tradición y reconocimiento de sus súbditos naturales o adquiridos, como es mi caso, Hablas como un letrado, Soy simplemente un cornaca que hizo algunas lecturas en la vida, Qué pasa con solimán, qué es eso de que tiene que descansar durante la primera parte de la tarde, Son costumbres de la india, mi señor, Estamos en españa, no en la india, Si vuestra alteza conociese a los elefantes como yo tengo la pretensión de conocerlos, sabría que para un elefante hindú, de los africanos no hablo, no son de mi competencia, cualquier lugar en que se encuentre es la india, una india que suceda lo que suceda siempre permanecerá intacta en su interior, Todo eso es muy bonito, pero yo tengo un largo viaje por delante y ese elefante me hace perder tres o cuatro horas por día, a partir de hoy solimán descansará una hora y basta, Me siento un miserable por no poder estar de acuerdo con vuestra alteza, pero, crea en mí y en mi experiencia, no será suficiente, Veremos. La orden fue dada, pero cancelada al día siguiente. Es necesario ser lógico, decía fritz, así como no tomamos en consideración la idea de reducir a un tercio la cantidad de forraje y de agua que solimán necesita para vivir, tampoco puedo consentir sin protestar que se le robe la mayor parte de su justo descanso, sin el que tampoco podrá sobrevivir al esfuerzo titánico que todos los días se le exige, es cierto que un elefante en la selva de la india anda muchos kilómetros desde la mañana hasta el anochecer, pero está en tierra que es suya, no en un descampado como éste, sin una sombra a la que pueda acogerse un gato. No nos olvidemos de que cuando fritz se llamaba subhro no puso ninguna objeción a la reducción del reposo de salomón de cuatro a dos horas, pero ésos eran otros tiempos, el comandante de la caballería portuguesa era un hombre con quien se podía hablar, un amigo, no un archiduque autoritario como éste, que, aparte de ser yerno de carlos quinto, no se ve que posea ningún otro mérito. Fritz estaba siendo injusto, por lo menos debería ser obligado a reconocer que nunca nadie había tratado a solimán como este archiduque de austria de repente tan mal estimado. La gualdrapa, por ejemplo. Ni siquiera en la india los elefantes pertenecientes a los rajás eran mimados así. Sea como sea, el archiduque no estaba contento, había demasiada rebelión en el aire que se respiraba. Castigar a fritz por sus atrevimientos dialécticos estaría más que justificado, pero el archiduque sabía perfectamente que no iba a encontrar en viena otro cornaca. Y si, por milagro, existiese esa rara avis, sería indispensable un periodo de compenetración mutua entre el elefante y el nuevo tratador, sin el que podríamos temer lo peor del comportamiento de un animal de esa corpulencia, cuyo cerebro, para cualquier ser humano, incluyendo a los archiduques, no pasaba de una apuesta en que las esperanzas de ganar eran casi nulas. El elefante verdaderamente era otro ser. Tan otro que nada tenía que ver con este mundo, se gobernaba por reglas que no se inscribían en ningún código moral conocido, hasta el punto de que, como más tarde se vio, le fuera indiferente viajar delante o detrás del coche archiducal. En realidad, los archiduques ya no podían soportar más el espectáculo repetido de las defecaciones de solimán, además de tener que recibir en sus delicadas narices, habituadas a otros aromas, los fétidos olores que de éstas se desprendían. En el fondo, a quien el archiduque quería castigar era a fritz, ahora relegado a una posición secundaria después de haber aparecido durante unos días ante los ojos de todo el mundo como una de las grandes figuras de la comitiva. Viajaba a la misma altura que antes, pero del coche del archiduque no podrá ver nunca nada más que la parte trasera. Fritz sospecha que está siendo castigado, pero no puede pedir justicia, porque la misma justicia, al determinar el cambio de sitio del elefante en la caravana, no hacía más que impedir las molestias sensoriales por él causadas al archiduque maximiliano y a su esposa maría, hija de carlos quinto, resuelto este problema, el otro se solventó también, y fue en esa misma noche. Animada por haber relegado al elefante a la condición de mero seguidor, maría le pidió al marido que se librasen de la gualdrapa. Creo que llevarla encima es un castigo que el pobre solimán no merece, y además, Además, qué, preguntó el archiduque, Con esa especie de paramento de iglesia encima, un animal tan grande, tan imponente, pasado el primer efecto de sorpresa, se vuelve rápidamente ridículo, grotesco, y peor será todavía cuanto más lo miremos, La idea ha sido mía, dijo el archiduque, pero pienso que tienes razón, se la voy a mandar al obispo de valladolid, él le buscará destino, probablemente, si nos quedáramos en españa, acabaríamos encontrándonos, bajo la gualdrapa convertida en palio, a un general de los mejor vistos por la santa madre iglesia.

Hubo quien pronosticó que el viaje del elefante terminaría aquí, en este mar de rosas. O porque la rampa de acceso al combés, incapaz de soportar las cuatro toneladas de peso, se rompiese, o porque un balanceo más fuerte de las olas le hiciera perder el equilibrio y lo lanzara cabeza abajo hacia el abismo, la hora final habría llegado para el antiguo y feliz salomón, ahora tristemente bautizado con el bárbaro nombre de solimán. La mayor parte de los nobles personajes que fueron a rosas para despedirse del archiduque no habían visto en su vida a un elefante, ni en pintura. No saben que un animal de éstos, sobre todo si ha viajado por mar en cualquier altura de su vida, tiene lo que se suele llamar pie marinero. No se le pida que ayude a la maniobra, que suba a los mástiles para arriar las velas, que maneje el octante o el sextante, pero pónganlo ante el timón, firme sobre las gruesas estacas que le hacen de patas, y manden venir una tempestad de las recias. Verán como el elefante se enfrenta con los más furiosos vientos contrarios, navegando de bolina con la elegancia y la eficacia de un piloto de primera clase, como si ese arte estuviera contenido en los cuatro libros de los vedas que se aprendió de memoria en la más tierna infancia y nunca olvidó, incluso cuando los azares de la vida determinaron que tendría que ganarse el triste pan de cada día transportando troncos de árboles de un lado a otro o soportando la curiosidad necia de ciertos aficionados de espectáculos circenses de mal gusto. La gente está muy equivocada respecto a los elefantes. Suponen que ellos se divierten cuando son obligados a mantener el equilibrio sobre una pesada esfera metálica, en una reducida superficie curva en la que las patas apenas consiguen encontrar apoyo. Lo que nos salva es el buen carácter de los elefantes, especialmente el de los oriundos de la india. Piensan ellos que es necesario tener mucha paciencia para soportar a los seres humanos, incluso cuando los perseguimos y matamos para serrarles o arrancarles los dientes y quitarles el marfil. Entre los elefantes se recuerdan con frecuencia las famosas palabras pronunciadas por uno de sus profetas, esas que dicen, Perdónales, señor, porque ellos no saben lo que hacen. Ellos somos todos nosotros, y en particular los que han venido hasta aquí sólo por la casualidad de verlo morir y que en este momento inician el camino de regreso a valladolid, frustrados como aquel espectador que seguía a una compañía de circo a dondequiera que ésta fuera nada más que para estar presente el día en que el acróbata cayera fuera de la red. Ah, es verdad, un olvido que todavía estamos a tiempo de corregir. Además de su indiscutible competencia en el manejo de la rueda del timón, en tantos siglos de navegación nunca se ha encontrado nada mejor que un elefante para trabajar como cabestrante.

Instalado solimán en un espacio del combés delimitado por barrotes, cuya función, pese a la aparente robustez de la estructura, sería más simbólica que real, puesto que siempre dependería de los humores del animal, frecuentemente erráticos, fritz fue en busca de novedades. La primera, y la más obvia de todas, debería responder a la pregunta, A qué puerto va este barco, preguntó a un marinero de edad, con cara de buena persona, y de él recibió la más rápida, sintética y aclaradora de las respuestas, A génova, Y eso dónde es, preguntó el cornaca. Al hombre le parecía difícil de entender cómo era posible que alguien en este mundo ignorase dónde se encontraba génova, pero se contentó con apuntar hacia levante y decir, Por aquel lado, O sea, en italia, adelantó fritz, cuyos reducidos conocimientos geográficos le permitían, aún, correr ciertos riesgos. Sí, en italia, confirmó el marinero, Y viena, dónde está, insistió fritz, Mucho más arriba, más allá de los alpes, Qué son los alpes, Los alpes son unas montañas grandes, enormes, muy trabajosas de atravesar, principalmente en invierno, no, nunca he estado allí, pero se lo he oído decir a viajeros que han andado por esos sitios, Si es así, el pobre salomón va a pasar un mal trago, vino de la india, que es tierra caliente, nunca ha conocido lo que son los grandes fríos, en eso somos iguales, él y yo, que también de allí vengo, Quién es ese salomón, preguntó el marinero, Salomón era el nombre que el elefante tenía antes de llamarse solimán, lo mismo me ha sucedido a mí, que habiendo sido subhro desde que llegué a este mundo, ahora soy fritz, Quién os cambió los nombres, Quien para eso tenía poder, su alteza el archiduque que va en este barco, Él es el dueño del elefante, volvió a preguntar el marinero, Sí, y yo soy el tratador, el cuidador, el cornaca, que es la palabra exacta, salomón y yo pasamos dos años en portugal, que no es el peor de los sitios para vivir, y ahora vamos camino de viena, que dicen que es el mejor, Por lo menos esa fama tiene, Ojalá que el provecho sea de idéntica calidad, y que den finalmente descanso al pobre salomón, que no ha nacido para tales andanzas, para viaje ya debería bastar con el que tuvimos que hacer entre goa y lisboa, salomón pertenecía al rey de portugal, don juan tercero, que se lo ha regalado al archiduque, a mí me tocó acompañarlo, primero en la navegación a portugal y ahora en esta caminata hacia viena, A eso se le llama ver mundo, dijo el marinero, No tanto como andar de puerto en puerto, respondió el cornaca, que no llegaría a terminar la frase porque se acercaba el archiduque llevando tras de sí al inevitable séquito, pero esta vez sin la archiduquesa, a quien, por lo visto, solimán ya no le caía simpático. Subhro se apartó del camino, suponiendo que así pasaría inadvertido, pero el archiduque lo vio, Fritz, acompáñame, voy a ver al elefante, dijo. El cornaca avanzó unos pasos adelante sin saber dónde debería ponerse, pero el archiduque le sacó de dudas, Vete delante y mira si todo está en orden, mandó. Fue una suerte porque, en ausencia del cornaca, solimán había decidido que las tablas del combés eran lo mejor que podía haber para depositar sus urgencias fisiológicas, y, como consecuencia, patinaba literalmente sobre una alfombra pastosa de excrementos y orina. Al lado, para satisfacer, sin tardanza, una sed repentina, se encontraba, todavía medio llena, la cuba de agua, además de algunos fardos de forraje, sólo algunos, ya que los restantes fueron colocados en las bodegas. Subhro reaccionó con rapidez. Pidió ayuda a unos marineros y, todos juntos, unos cinco o seis hombres, todos razonablemente forzudos, levantaron la cuba por un lado y derramaron el agua por el otro, en cascada, derecha al mar. El efecto fue casi instantáneo. Bajo el impulso de las aguas, y gracias también a sus cualidades disolventes, el apestoso caldo de excrementos fue lanzado por la borda, con excepción de lo que permaneció pegado a la parte inferior de las patas del elefante, que un segundo aclarado, menos abundante, se encargó de dejar en estado más o menos aceptable, demostrándose así una vez más no sólo que lo óptimo es enemigo de lo bueno, sino también que lo bueno, por mucho que se esfuerce, nunca llegará a los tobillos de lo óptimo. El archiduque ya puede aparecer. Sin embargo, mientras llega o no llega, tranquilicemos a los lectores, que tan preocupados andan por la falta de información sobre el carro de bueyes que, a lo largo de las ciento cuarenta leguas que separan valladolid de rosas, cargó con la cuba de agua y los fardos de forraje. Suelen decir los franceses, y ya en aquel tiempo comenzaban a decirlo, que pas de nouvelles, bonnes nouvelles, luego, los lectores que aligeren la preocupación en que han estado viviendo, el carro de bueyes sigue su camino, rumbo a valladolid, donde doncellas de todas las condiciones están engarzando collares de flores para adornar con ellos la cornamenta de los bovinos a la llegada, y no se les pregunte por qué razón particular lo hacen, a lo que parece una de ellas oyó decir no sabe ya a quién, que era una costumbre antigua, tal vez del tiempo de los griegos y romanos, esa de coronar a los bueyes de trabajo, y, teniendo en cuenta que caminar, entre ir y volver, doscientas y ochenta leguas no era insignificante labor, la idea fue recibida con entusiasmo por la comunidad de nobles y de plebeyos de valladolid, que ya están pensando en la realización de un gran festejo popular con torneos, fuegos artificiales, comida para los pobres y todo lo demás que todavía se le pueda ocurrir a la excitada imaginación de los habitantes. Con estas explicaciones, indispensables para la tranquilidad presente y futura de los lectores, fallamos a la llegada del archiduque hasta el elefante, en fin, no se perdió mucho, pues en el transcurso de este relato, entre lo descrito y lo no descrito, el mismo archiduque ya llegó muchas veces aquí y allí, sin sorpresas, pues las pragmáticas de la corte a tal lo obligan, o entonces no serían pragmáticas. Sabemos que el archiduque se interesó por la salud y por el bienestar de su elefante solimán y que fritz le dio las respuestas apropiadas, sobre todo esas que su alteza archiducal más quería oír, lo que muestra cuánto el antiguo y harapiento cornaca viene progresando en el aprendizaje de las delicadezas y mañas del perfecto cortesano, él, a quien la bisoña corte portuguesa, en este particular más inclinada a las beaterías de confesionario y sacristía que a las finuras de los salones mundanos, no le sirvió de guía, tanto más que al cornaca, confinado como siempre estuvo al poco limpio cercado de belén, nunca le habían sido realizadas propuestas para mejorar su educación. Observose que el archiduque fruncía la nariz de vez en cuando y hacía uso continuo de un pañuelo perfumado, lo que, inevitablemente, tenía que sorprender los olfatos de hierro de la marinería, habituada a toda especie de pestilencias luego absolutamente insensibles al pebete que después del baldeo todavía quedaba por allí, flotando en la atmósfera, a pesar del viento. Cumplida la obligación de propietario preocupado con la seguridad de sus haberes, el archiduque se dio prisa en retirarse, llevando tras de sí, como siempre, la colorida cola de pavo real de los parásitos de la corte.

Concluido el estibado de la carga, que esta vez necesitó algunos cálculos más complejos que de costumbre a causa de la existencia de cuatro toneladas de elefante colocadas en un espacio reducido del combés, el barco estuvo listo para zarpar. Levada el ancla, izadas, además de un paño redondo, las velas triangulares, recuperadas hacía un siglo y medio de su remoto pasado mediterráneo por los marineros portugueses, a las que luego habría de dárseles el nombre de latinas, la nave se balanceó pesadamente en la ondulación y, tras el primer rechinar del velaje, puso proa a génova, en dirección de levante, tal como había anunciado el marinero. La travesía duró tres largos días, casi siempre con mar agitado, con vientos fuertes y una lluvia que descargaba en chaparrones furiosos sobre el dorso del elefante y las arpilleras con que los marineros en maniobra intentaban protegerse como podían. El archiduque, en el calor del camarote con la archiduquesa, no se dejó ver, todas las probabilidades apuntan a que estaba entrenándose para el tercer hijo. Cuando la lluvia cesó y la tormenta de viento perdió fuelle, los pasajeros, con pasos inseguros, pestañeando, comenzaron a emerger del interior del barco a la tibia luz del día, la mayor parte de ellos con la cara desfigurada por los mareos y con ojeras de meter miedo, sin que de nada les hubiera servido, en el caso de los coraceros del archiduque, por ejemplo, el aire de postiza marcialidad que intentaban recuperar de los remotos recuerdos de tierra firme, incluyendo, si a tanto fuera necesario recurrir, los de castelo rodrigo, pese a la vergonzosa derrota sufrida, sin que hubiese sido necesario disparar un tiro, ante los humildes jinetes portugueses, mal montados y mal pertrechados. Al amanecer del cuarto día, con el mar calmo y el cielo descubierto, el horizonte era la costa de liguria. La luz del faro de génova, al que los habitantes de la ciudad habían dado el cariñoso nombre de la linterna, iba empalideciendo a medida que despuntaba la claridad matinal, pero todavía era suficientemente brillante para guiar con seguridad cualquier embarcación que demandara puerto. Dos horas más tarde, habiendo recibido piloto, el barco penetraba en la bahía y se deslizaba lentamente, con casi todas las velas recogidas, en dirección a un espacio despejado del muelle donde, como era patente y manifiesto, carruajes y carrozas de diverso tipo y finalidades, casi todas enganchadas a mulas, se encontraban aguardando la caravana. Siendo las comunicaciones lo que eran, lentas, trabajosas y poco eficaces, es de presumir que, una vez más, las palomas mensajeras hubieran tenido parte activa en la compleja operación logística que hizo posible el recibimiento del barco en tiempo y hora, sin demora ni atrasos y sin que hubiera necesidad de que estuvieran unos a la espera de otros. Reconózcase, ahora, que un cierto tono irónico y displicente introducido en estas páginas cada vez que de austria y de sus naturales tuvimos que hablar fue no sólo agresivo, sino claramente injusto. No es que fuera ésa nuestra intención, pero ya sabemos que, en estas cosas de la escritura, no es infrecuente que una palabra tire de otra sólo por lo bien que suenan juntas, sacrificando así muchas veces el respeto por la liviandad, la ética por la estética, si caben en un discurso como éste tan solemnes conceptos, y para colmo sin provecho para nadie. Por esas cosas y por otras es por lo que, casi sin darnos cuenta, vamos haciendo tantos enemigos en la vida.

Los primeros en aparecer fueron los coraceros. Traían los caballos por las riendas para que no se escurrieran en la rampa de desembarque. Las monturas, normalmente objeto de los máximos mimos y atenciones, presentan un aire descuidado en que es evidente la falta de un cepillado a fondo que les coloque el pelo y haga brillar las crines. Tal como se nos muestran ahora, cualquiera diría que son la vergüenza de la caballería austriaca, juicio inadecuado de quien parece haber olvidado el larguísimo viaje de valladolid a rosas, a lo largo de setecientos kilómetros de marchas continuas, lluvia y viento desabridos, algún sol sudoroso por medio y, sobre todo, polvo, mucho polvo. No es de admirar que los caballos que acaban de desembarcar tengan ese aspecto de animales de segunda mano. A pesar de todo, obsérvese cómo, algo apartados del muelle, tras la cortina formada por los coches, carruajes y otras carretas, los soldados, bajo el mando directo del capitán ya nuestro conocido, se esforzaban en mejorar la apariencia de sus monturas, a fin de que la guardia de honor de su alteza, cuando llegue la hora de poner pie a tierra, tenga la dignidad que se espera en cualquier acto concerniente a la ilustre casa de los habsburgo. Como los archiduques serán los últimos en salir del barco, son grandes las probabilidades de que los caballos tengan tiempo de recuperar al menos una parcela de su habitual esplendor. En este momento están siendo descargados los equipajes, las decenas de cofres, arcas y baúles donde vienen el ropero y los mil y un objetos y adornos que constituyen el ajuar continuamente aumentado de la noble pareja. Ahora ya hay público, y qué numeroso es. Como un reguero de pólvora, había corrido la voz por la ciudad de que estaba desembarcando el archiduque de austria, y con él un elefante de la india, lo que tuvo como efecto inmediato que se acercaran al puerto decenas de hombres y mujeres, tan curiosos ellos como ellas, que en poco tiempo ya eran centenares y comenzaban a dificultar las maniobras de descarga y carga en curso. Al archiduque no lo veían, que aún no salió de sus aposentos, pero el elefante ahí estaba, de pie en el combés, enorme, casi negro, con esa gruesa trompa tan flexible como un chicote, con esas presas que eran como sables apuntados, que, en la imaginación de los curiosos, ignorantes del temperamento pacífico de solimán, habrían sido poderosas armas de guerra antes de llegar a transformarse, como inevitablemente sucederá, en los crucifijos y relicarios que han cubierto de marfil trabajado el orbe cristiano. El personaje que está gesticulando y dando órdenes en el muelle es el intendente del duque. A su mirada experimentada le basta un rápido vistazo para decidir qué carro o qué carroza deberá transportar este cofre, esta arca o aquel baúl. Es una brújula que por más que la hagan girar a un lado y a otro, por más que la tuerzan y retuerzan, siempre apuntará al norte. Nos arriesgamos diciéndole que está por estudiar la importancia de los intendentes, pero también la de los barrenderos de calles, para el regular funcionamiento de las naciones. Ahora está siendo descargado el forraje que viajó en la bodega junto a los lujos de los archiduques, y que a partir de aquí será transportado en carros cuya característica principal es la funcionalidad, es decir, capaces de dar acomodo al mayor número de fardos posible. La cuba va también, pero vacía, puesto que, como más adelante se verá, por los invernales caminos de las tierras itálicas del norte y de austria no va a faltar agua para llenarla cuantas veces sean necesarias. Ahora va a desembarcar el elefante solimán. El ruidoso ayuntamiento del gentío genovés vibra de impaciencia, de nerviosismo. Si estas mujeres y estos hombres fueran preguntados sobre qué personaje estaban, en este momento, más interesados en ver de cerca, si el archiduque, si el elefante, apostamos que el elefante ganaría por larga diferencia de votos. La ansiosa expectativa de la pequeña multitud se desahogó en un grito, el elefante acababa de hacer subir con ayuda de la trompa, sobre él, a un hombre que llevaba su saco de pertenencias. Era subhro o fritz, según se prefiera, el cuidador, el tratador, el cornaca, ese que tan humillado fue por el archiduque y que ahora, a la vista del pueblo de génova reunido en el muelle, disfrutará de un triunfo casi perfecto. Encaramado en la nuca del elefante, con el saco entre las piernas, vestido con la sucia indumentaria de trabajo, observa con soberbia de vencedor a la gente que lo mira con la boca abierta, señal absoluta de pasmo según se dice, pero que, en realidad, tal vez por ser absoluta, nunca pudo ser observada en la vida real. Cuando montaba a salomón, a subhro siempre le parecía que el mundo era pequeño, pero hoy, en el muelle del puerto de génova, objetivo de las miradas de cientos de personas literalmente embelesadas con el espectáculo que les estaba siendo ofrecido, tanto con su propia persona como con un animal en todos los aspectos tan desmedido que obedecía sus órdenes, fritz contemplaba la multitud con una especie de desdén, y, en un insólito instante de lucidez y relativización, pensó que, bien vistas las cosas, un archiduque, un rey, un emperador no son más que cornacas montados sobre un elefante. Con un toque de bastón hizo avanzar a solimán hacia la rampa. La parte de la asistencia que se encontraba más cerca retrocedió asustada, más aún cuando el elefante, en medio de la rampa, no se sabe ni se sabrá por qué, decidió soltar un barrito que, mal comparado, sonó en los oídos de esa gente como las trompetas de jericó, e hizo romper filas a los más timoratos. Al pisar el puerto, sin embargo, tal vez por una ilusión óptica, el elefante súbitamente pareció que disminuía de altura y corpulencia. Seguía siendo necesario mirarlo de abajo arriba, pero ya no era necesario torcer tanto el cuello. Es lo que tiene el hábito, la fiera, aunque siguiera amedrentando por el tamaño, era como si hubiera perdido la aureola de octava maravilla del mundo sublunar con que comenzó presentándose a los genoveses, ahora es un animal llamado elefante y nada más. Todavía imbuido de su reciente descubrimiento sobre la naturaleza y los soportes del poder, a fritz no le cayó nada bien el cambio que acababa de producirse en la conciencia de la gente, y eso que le faltaba todavía el golpe de misericordia de la aparición de los archiduques en el combés acompañados por su séquito más privado, sobresaliendo esta vez la novedad de dos criaturas llevadas en brazos por dos mujeres que con toda certeza habrían sido, o quizá lo sigan siendo, sus amas de leche. Una de esas criaturas, una niña de dos años, creciendo, podemos anunciarlo ya, será la cuarta esposa de felipe segundo de españa y primero de portugal. Como siempre suele decirse, pequeñas causas, grandes efectos. Queda así satisfecho el interés de esos lectores que ya vienen extrañando la falta de información sobre la numerosa prole de los archiduques, dieciséis hijos, recordemos, que precisamente la pequeña ana inauguró. Pues bien, como íbamos diciendo, fue aparecer el archiduque y reventaron los aplausos y los vivas, que él agradeció con un gesto condescendiente de la mano derecha enguantada. No bajaron por la rampa que hasta ahora había dado servicio a la descarga, sino por una de al lado, limpia y refrescada, para evitar el mínimo contacto con las porquerías resultantes de los cascos de los caballos, de las patorras del elefante y de los pies descalzos de los cargadores. Deberíamos felicitar al archiduque por la competencia del intendente que tiene, quien ahora mismo acaba de subir al barco para inspeccionar los lugares, no vaya a haberse caído alguna pulsera de diamantes entre dos tablas mal ajustadas. Aquí afuera, la caballería de coraceros, dispuesta en dos filas apretadas para que cupieran todos los animales, veinticinco a cada lado, aguardaba el paso de su alteza. Por cierto, de no ser por el temor que tenemos de cometer un gravísimo anacronismo, nos apetecería imaginar que el archiduque recorrería la distancia hasta su coche bajo un baldaquín de cincuenta espadas desenvainadas, sin embargo, es más que probable que ese tipo de homenaje haya sido idea de alguno de los frívolos siglos posteriores. El archiduque y la archiduquesa ya entraron en el brillante y adornado, aunque sólido, coche que los aguardaba. Ahora sólo hay que esperar que la caravana se organice, veinte coraceros delante, abriendo la marcha, treinta detrás, cerrándola, como fuerza de intervención rápida, para el caso poco probable, aunque no imposible, de un asalto de bandidos. Es cierto que no estamos en calabria o en sicilia, y sí en las civilizadas tierras de la liguria, a las que seguirán las de lombardía y el véneto, pero, como en el mejor paño cae la mancha, como tantas veces la sabiduría popular avisa, hace bien el archiduque en mantener su retaguardia protegida. Resta saber lo que le vendrá del alto cielo. En este tiempo, poco a poco, la transparente y luminosa mañana ha venido cubriéndose de nubes.

La lluvia los espera a la salida de génova. No hay que extrañarse mucho, el otoño va adelantado, y este chaparrón no es más que el preludio del concierto, con amplio surtido de tubas, percusión y trombones, que los alpes ya tienen reservado para obsequiar a la caravana. Afortunadamente para los menos defendidos contra el mal tiempo, nos referimos en particular a los coraceros y al cornaca, revestidos unos, como si fueran escarabajos de nuevo tipo, de un frío y destemplado acero, encaramado el otro en el cogote del elefante, donde más contundentes se manifiestan las nortadas y los latigazos de siete puntas de la nieve, maximiliano segundo dio oídos finalmente a la inefable sabiduría popular, esa que va repitiendo desde las primeras madrugadas del mundo que prevenir es siempre mejor que remediar. En el camino hasta la salida de génova, mandó detener la caravana dos veces para que pudieran ser adquiridos en los comercios de ropa confeccionada abrigos para los coraceros y para el cornaca, que, no pudiendo ser, los tales abrigos, por razones fácilmente comprensibles dada la falta de planificación de producción, armónicos en las formas y en el color, al menos protegerían del peor asalto del frío y de la lluvia a sus afortunados destinatarios. Gracias a la providencia del archiduque pudimos presenciar la rapidez con que los soldados descolgaron de los arzones los capotes que les habían sido distribuidos y cómo, sin interrumpir la marcha, se metían dentro de ellos exhibiendo una alegría militar pocas veces observada en la historia de los ejércitos. Lo mismo hizo, aunque con mayor discreción, el cornaca fritz, antiguamente llamado subhro. Ya reconfortado en el grueso capote, pensó que la gualdrapa entregada al pío gozo del obispo de valladolid habría sido de gran utilidad para un solimán que la inmisericorde lluvia, desde las alturas, maltrataba. El resultado del temporal que pronto sucedió a los primeros y espaciados chaparrones fue que salió poquísima gente a los caminos para festejar a solimán y saludar a su alteza. Hicieron mal, pues no van a tener otra ocasión de ver, en los tiempos más próximos, a un elefante al natural. En cuanto al paso del archiduque, la culpa de la incertidumbre hay que atribuirla a la insuficiente información anticipada que rodea los desplazamientos cortos de la casi imperial persona, puede ser que pase, puede ser que no. Pero, en lo que al elefante se refiere, no tengamos duda, no volverá a pisar estos caminos. Escampó antes de entrar en piacenza, lo que permitió una travesía por la ciudad más acorde con la grandeza de los personajes que iban en la caravana, pues los coraceros pudieron quitarse los capotes y aparecer con todo su conocido esplendor, en lugar de la ridícula figura que venían mostrando desde la salida de génova, casco de guerra en la cabeza y un capote de lana ordinaria sobre la espalda. Esta vez se juntó mucha gente en las calles, y, si el archiduque fue aplaudido por ser quien era, el elefante, por el mismo motivo, no lo fue menos. Fritz no se había quitado el abrigo. Pensaba que la pesada indumentaria le confería, por la amplitud de la confección, más cercana a la capa que al simple capote, un aire de soberana dignidad que condecía perfectamente con el majestuoso paso de solimán. A decir verdad, ya no le importaba tanto que el archiduque le hubiera cambiado el nombre. Es cierto que fritz no conocía el refrán clásico que dice que para vivir en roma hay que hacerse romano, pero, aunque no se sintiera nada inclinado a ser austriaco en austria, creía que era aconsejable para su ambición de vivir una existencia sosegada llamar lo menos posible la atención del vulgo, incluso teniendo que presentarse ante los ojos de la gente cabalgando un elefante, lo que, por supuesto, hacía de él, ya de entrada, un ser excepcional. Aquí va, pues, arropado en su capote, aspirando con delicia el leve olor a chivo que exhalaban los paños húmedos. Marchaba, como le había sido ordenado en el camino de valladolid, tras el coche del archiduque, de modo que daba la idea a quien lo viera desde lejos de ir arrastrando tras de sí la enorme fila de carrozas y galeras de carga que componían el cortejo, y en primer lugar, pisando sus huellas, los carros con los fardos de forraje y la cuba de agua que la lluvia ya hizo rebosar. Era un cornaca feliz, muy lejos de las estrecheces de la vida en portugal, donde, prácticamente, lo dejaron vegetar durante dos años en el cercado de belén, viendo partir naves para la india y oyendo los cantos de los frailes jerónimos. Es posible que nuestro elefante piense, si esa enorme cabeza es capaz de semejante proeza, por lo menos espacio no le falta, que tiene razones para suspirar por el antiguo dolce far niente, pero eso sólo podría suceder gracias a su natural ignorancia de que la indolencia es lo más perjudicial que hay para la salud. Peor que la indolencia sólo el tabaco, como más adelante podrá verse. Ahora, sin embargo, después de trescientas leguas caminando, gran parte por senderos que el diablo, a pesar de sus pies de cabra, se negaría a pisar, solimán ya no merece que le llamen indolente. Lo habría sido durante la permanencia en portugal, pero eso son aguas pasadas, bastó que pusiera pie en las estradas de europa para ver cómo de forma inmediata se despertaban en sí energías de cuya existencia ni él mismo había sospechado. Se ha observado con mucha frecuencia este fenómeno en las personas que, por circunstancias de la vida, pobreza, desempleo, fueron forzadas a emigrar. Frecuentemente apáticas e indiferentes en la tierra donde nacieron, se vuelven, casi de una hora para otra, activas y diligentes como si les hubiera entrado en el cuerpo el tan traído y llevado aunque nunca estudiado bicho carpintero, de ése hablamos y no de otros, comunes, que se alimentan de la madera que roen y son también conocidos con los nombres de bicho de la madera o carcoma. Sin esperar a que el campamento implantado en los alrededores de piacenza acabe de ser montado, solimán ya descansa en los brazos del morfeo de los elefantes. Y fritz, a su lado, tapado con el capote, ronca como un bendito de dios. Por la mañana temprano, tocó la corneta. Había llovido durante la noche, pero el cielo se presentaba limpio. Ojalá no acabe cubriéndose de nubes grises, como sucedió ayer. El objetivo más próximo es la ciudad de mantua, ya en la lombardía, famosa por muchas y excelentes razones, siendo una de ellas un cierto bufón de la corte ducal llamado rigoletto, a cuyas gracias y desgracias, más adelante, el gran giuseppe verdi pondrá música. La caravana no se detendrá en mantua para apreciar las excelsas obras de arte que abundan en la ciudad. Más abundarán en verona hacia donde, vista la estabilidad del tiempo, el archiduque mandó avanzar y que será el escenario elegido por william shakespeare para su the most excellent and lamentable tragedy of romeo and juliet, no porque maximiliano segundo de austria sea particularmente curioso de amores que no son suyos, es que verona, si no contamos padua, es el último paso importante antes de venecia, de ahí en adelante va a ser todo subir hacia los alpes hasta el frío norte. A lo que consta, los archiduques ya conocen de otros viajes la bella ciudad de los doges, donde, por otro lado, no sería nada fácil hacer entrar las cuatro toneladas de solimán, suponiendo que pensaran llevarlo como mascota. Un elefante no es bicho para acomodarse en una góndola, si es que ya existían en aquella época, por lo menos con la forma que ahora tienen, la proa levantada y el fúnebre color negro que las distingue entre todas las marinas del mundo, y mucho menos con un gondolero cantando en la popa. A fin de cuentas, quizá los archiduques decidan dar una vuelta por el gran canal y sean recibidos por el doge, pero solimán, los coraceros todos y el resto del equipaje se quedarán en padua, frente a la basílica de san antonio, que es de lisboa, reivindiquémoslo, y no de padua, en un espacio limpio de árboles y otras vegetaciones. Cada cual en su lugar será siempre la mejor de las condiciones para alcanzar la paz universal, salvo si la sabiduría divina dispone otra cosa.

Ocurrió que, a la mañana siguiente, apareció en el todavía apenas despierto campamento un emisario de la basílica de san antonio. Aunque no hubiera usado exactamente estos términos, dijo venir mandado por un superior del equipo eclesiástico del templo para hablar con el cuidador del elefante. Tres metros de altura se ven de lejos, y el bulto de solimán casi llenaba el espacio celeste, pero, incluso así, el cura pidió que lo acercaran. El coracero que lo acompañaba fue a despertar al cornaca, que, enrollado en su capote, todavía dormía, Hay ahí un cura, dijo. Optó por hablar en castellano, y fue lo mejor que podía hacer, dado que los limitados conocimientos de la lengua alemana de que el cornaca se había dotado hasta hoy aún no le daban para comprender una frase tan compleja. Fritz abrió la boca para preguntar qué quería el padre, pero luego la cerró, no se fuera a crear allí una confusión lingüística que no se sabe adónde los conduciría. Se levantó, pues, y se dirigió hacia el sacerdote, que lo esperaba a una distancia prudente, Vuestra paternidad quiere hablar conmigo, preguntó, Así es, hijo mío, respondió el visitante poniendo en estas cuatro palabras todas las reservas de unción de que disponía, Diga entonces, padre, Eres cristiano, fue la pregunta, Fui bautizado, pero por mi color y por mis facciones, vuestra paternidad ya debe de haber visto que no soy de aquí, Sí, supongo que serás hindú, pero eso no es impedimento para que seas un buen cristiano, No seré yo quien lo diga, ya que tengo entendido que elogio en boca propia es vituperio, Vengo a hacerte una petición, pero antes quiero que me digas si tu elefante es de los enseñados, Enseñado, lo que se llama enseñado, en el sentido de saber unas cuantas habilidades de circo, no es, pero suele comportarse con la dignidad de un elefante que se respeta, Serás capaz de hacer que se arrodille, aunque sea sólo con una pata, Sepa vuestra paternidad que nunca lo he experimentado, pero he observado que solimán se arrodilla motu proprio cuando quiere acostarse, ahora de lo que no puedo estar seguro es de que lo haga si yo se lo mando, Puedes experimentar, Sepa vuestra paternidad que la ocasión no es la mejor, por la mañana solimán está casi siempre de mal humor, Puedo volver más tarde, si te parece conveniente, lo que aquí me trae no es sangría desatada, aunque mucho convendría a los intereses de la basílica que aconteciese hoy, antes de que su alteza el archiduque de austria parta hacia el norte, Aconteciese hoy, qué, si no soy demasiado osado preguntando, El milagro, dijo el padre juntando las manos, Qué milagro, preguntó el cornaca al mismo tiempo que sentía la cabeza dándole vueltas, Si el elefante fuera a arrodillarse ante la puerta de la basílica, no te parece que sería un milagro, uno de los grandes milagros de nuestra época, preguntó el sacerdote volviendo a unir las manos, No sé nada de milagros, en mi tierra, allí donde yo nací, no los hay desde que el mundo fue creado, imagino que toda la creación sería un milagro junto, pero después se acabaron, Ahora estoy viendo que al final no eres cristiano, Vuestra paternidad decidirá, a mí me dieron unas ligeras nociones de cristianismo y bautizado soy, pero tal vez todavía se note lo que está debajo, Y qué es lo que está debajo, Por ejemplo, ganesh, el dios elefante, el que está allí sacudiendo las orejas, vuestra paternidad me va a preguntar cómo sé que el elefante solimán es un dios, y yo responderé que si hubiera, como hay, un dios elefante, tanto puede ser éste como cualquier otro, Por lo que todavía espero de ti, te perdono las blasfemias, pero, cuando esto termine, tendrás que confesarte, Y qué espera vuestra paternidad de mí, Que lleves al elefante a la puerta de la basílica y lo hagas arrodillarse, No sé si seré capaz, Inténtalo, Imagine vuestra paternidad que llevo al elefante y él se niega a arrodillarse, aunque yo no entienda mucho de estos asuntos, supongo que peor que no haber milagros es encontrarse con un milagro fallido, Nunca habrá sido fallido si de él quedan testigos, Y quiénes serán esos testigos, En primer lugar, todos los sacerdotes de la basílica y cuantos cristianos dispuestos consigamos reunir a la entrada del templo, en segundo lugar, la voz pública que, como sabemos, es capaz de jurar lo que no vio y afirmar lo que no sabe, Incluyendo creer en milagros que nunca existieron, preguntó el cornaca, Ésos son los más sabrosos, da trabajo prepararlos, pero el esfuerzo que requieren en general es compensador, además, aliviamos de mayores responsabilidades a nuestros santos, Y a dios, A dios nunca lo importunamos para que haga un milagro, es necesario respetar la jerarquía, como mucho recurrimos a la virgen, que también está dotada de talentos taumatúrgicos, Me está pareciendo, dijo el cornaca, que por vuestra iglesia católica circula mucho cinismo, Tal vez, pero si te hablo con tanta franqueza, respondió el sacerdote, es para que comprendas que necesitamos ese milagro, ése o cualquier otro, Por qué, Porque lutero, a pesar de haber muerto, anda causando gran perjuicio a nuestra santa religión, todo cuanto pueda ayudarnos a reducir los efectos de la predicación protestante será bienvenido, recuerda que hace poco más de treinta años que fueron fijadas sus nefandas tesis a las puertas de la iglesia del castillo de wittenberg y el protestantismo va arrastrándose como una inundación por toda europa, No sé nada de esas tesis, sean lo que sean, Ni necesitas saberlo, basta que tengas fe, Fe en dios, o en mi elefante, preguntó el cornaca, En ambos, respondió el padre, Y cuánto voy a ganar con esto, A la iglesia no se le pide, se le da, En ese caso, vuestra paternidad debería hablar con el elefante, visto que de él depende el buen resultado de la operación milagrosa, Tienes una lengua descarada, ten cuidado, no la pierdas, Qué es lo que me sucederá si llevo al elefante hasta la puerta de la basílica y él no se arrodilla, Nada, a no ser que sospechemos que la culpa es tuya, Y si así fuera, Tendrías fuertes motivos para arrepentirte. El cornaca creyó más conveniente rendirse, A qué hora desea vuestra paternidad que lleve el animal, preguntó, Lo quiero allí a mediodía en punto, ni un minuto más, Y yo espero que el tiempo me alcance para meter en la cabeza de solimán que tendrá que arrodillarse a los pies de vuestras paternidades, No a los nuestros, que indignos somos, sino a los de nuestro san antonio, y con estas pías palabras se retiró el padre a darles cuenta a sus superiores de los resultados de la evangélica diligencia, Pero hay esperanzas, le preguntaron, Las mejores, aunque estemos en manos de un elefante, Un elefante no es un caballo, no tiene manos, Es una manera de hablar, como decir, por ejemplo, que estamos en manos de dios, Con la gran diferencia de que, efectivamente, estamos en manos de dios, Alabado sea su nombre, Alabado sea, pero volviendo a la madre del cordero, por qué estamos en las manos del elefante, Porque no sabemos lo que hará cuando se encuentre ante la puerta de la basílica, Hará lo que le mande el cornaca, para eso está la enseñanza, Confiemos en la benevolente comprensión divina de los hechos de este mundo, si dios, como suponemos, quiere ser servido, convendrá que dé una ayuda a sus propios milagros, esos que hablarán mejor de su gloria, hermanos, la fe lo puede todo, dios actuará, Amén, voceó en coro la congregación preparando en su cabeza el arsenal de oraciones consiguientes.

Entre tanto, fritz procuraba, por todos los medios, que el elefante comprendiese lo que de él se pretendía. No era tarea fácil para un animal con opiniones firmes, que inmediatamente asociaría la acción de doblar las rodillas a la acción siguiente de echarse a dormir. Poco a poco, sin embargo, después de muchos golpes, un sinnúmero de maldiciones y algunas súplicas desesperadas, comenzó a hacerse luz en el hasta entonces reticente cerebro de solimán, es decir, que debía ponerse de rodillas, pero no tumbarse. Mi vida, llegó a decirle fritz, está en tus manos, lo que muestra cómo las ideas pueden propagarse, no sólo por vía directa, de boca a oído, sino simplemente porque flotan en las corrientes atmosféricas que nos rodean, constituyendo, por decirlo de alguna manera, un auténtico baño de inmersión en el que se aprende sin darse cuenta. Dada la escasez de relojes, lo que mandaba en aquella época era la altura del sol y el tamaño de la sombra que hacía proyectándose en el suelo. Fue así como fritz supo que el mediodía se aproximaba, por tanto el tiempo de llevar al elefante a la puerta de la basílica, y a partir de ahí que sea lo que dios quiera. Ahí va, cabalgando sobre el cogote de solimán, como otras veces hemos visto, pero ahora le tiemblan las manos y el corazón, como si fuera un mísero aprendiz de cornaca. Estuvieron de más esas penas. Al llegar a la puerta de la basílica, ante una multitud de testigos que en los tiempos futuros certificarán el milagro, el elefante, obedeciendo a un ligero toque en la oreja derecha, dobló las rodillas, no una, con lo que ya se daría por satisfecho el religioso que vino con el requerimiento, sino ambas, postrado así ante la majestad de dios en el cielo y de sus representantes en la tierra. Solimán recibió a cambio una generosa aspersión de agua bendita que llegó a salpicarle al cornaca allá arriba, mientras la asistencia, unánimemente, caía de rodillas y la momia del glorioso san antonio se estremecía de gozo en el túmulo.

Esa misma tarde, dos palomas mensajeras, un macho y una hembra, levantaron vuelo desde la basílica hacia trento llevando la noticia del portentoso milagro. Por qué a trento y no a roma, donde se encuentra la cabeza de la iglesia, habrá que preguntarse. La respuesta es fácil, porque en trento está en curso, desde mil quinientos cuarenta y cinco, un concilio ecuménico en que, por lo que se va sabiendo, se prepara el contraataque a lutero y sus seguidores. Baste decir que ya han sido promulgados decretos sobre la sagrada escritura y la tradición, el pecado original, la justificación y los sacramentos en general. Se comprenderá por tanto que la basílica de san antonio, pilar de la fe más acendrada, necesita estar permanentemente instruida sobre lo que pasa en trento, allí tan cerca, a menos de veinte leguas de distancia, un auténtico paseo à vol d'oiseau para palomas, que desde hace años andan en carrera constante entre aquí y allí. Esta vez, sin embargo, la primacía de la noticia la tiene padua, pues no todos los días un elefante se arrodilla solemnemente ante las puertas de una basílica, dando así testimonio de que el mensaje evangélico se dirige a todo el reino animal y que el lamentable ahogamiento de aquellos centenares de cerdos en el mar de galilea fue sólo resultado de la falta de experiencia, cuando todavía no estaban bien lubricadas las ruedas dentadas del mecanismo de los milagros. Lo que importa hoy son las extensas filas de fieles que se vienen formando en el campamento para ver al elefante y beneficiarse del negocio de venta de pelo del animal que fritz rápidamente organizó para suplir la falta de pago que de la tesorería de la basílica ingenuamente esperaba. No censuremos al cornaca, otros que no hicieron tanto por la fe cristiana no por eso dejaron de ser abundantemente obsequiados. Mañana se dirá que una infusión de pelo de elefante, tres veces al día, es el más soberano de los remedios en caso de diarrea aguda y que el dicho pelo, macerado en aceite de almendras, resuelve, dándose fricciones enérgicas en el cuero cabelludo, también tres veces al día, las más desesperadas situaciones de alopecia. Fritz no tiene manos para medir, en el saco que lleva atado en el cinto las monedas ya pesan, si el campamento permaneciese aquí una semana acabaría rico. Los clientes no son apenas los de padua, también está llegando gente de mestre y hasta de venecia. Se dice que los archiduques no regresarán hoy, que tal vez no vuelvan mañana, que están muy a gusto en el palacio del doge, todo motivos de alegría para fritz, que nunca creyó tener tantas razones para estar agradecido a la casa de los habsburgo. Se pregunta a sí mismo por qué no se le habría ocurrido antes vender pelos de elefante mientras vivía en la india, y, en su foro más íntimo, piensa que, a pesar de la abundancia exagerada de dioses, sus dioses y demonios que las infestan, hay muchas menos supersticiones en las tierras donde nació que en esta parte de la civilizada y cristianísima europa que es capaz de comprar a ciegas un pelo de elefante y creer píamente en las patrañas del vendedor. Tener que pagar por los propios sueños debe de ser la peor de las desesperaciones. Al final, contra los pronósticos del llamado diario de la caserna, el archiduque regresó a la tarde del día siguiente, dispuesto a reemprender viaje tan pronto como fuera posible. La noticia del milagro llegó al palacio del doge, pero de una manera bastante confusa, resultado, desde el relato incompleto de algún testigo más o menos presencial hasta los que simplemente hablaron porque oyeron decir, de las transmisiones sucesivas de hechos verdaderos o supuestos, ocurridos o imaginados, pues, como demasiado bien sabemos, quien cuenta un cuento no consigue pasar sin añadirle un punto, y a veces una coma. Mandó el archiduque llamar al intendente para que le aclarara lo sucedido, no tanto el milagro en sí, sino las razones que habían propiciado su realización. Sobre este aspecto particular de la cuestión le faltaban conocimientos al intendente, de modo que decidió llamar al cornaca fritz, que, gracias a la naturaleza de sus funciones, algo más sustancial debería saber. El archiduque atacó sin rodeos el asunto, Me dicen que hubo aquí un milagro durante mi ausencia, Sí, mi señor, Y que lo hizo solimán, Así es, mi señor, Quiere decir eso que el elefante decidió, por su cuenta, ir a la puerta de la basílica y arrodillarse, Yo no lo diría de esa manera, mi señor, Entonces cómo lo dirías tú, preguntó el archiduque, Fui yo quien condujo a solimán, Supuse que así fue, luego esa información es de las dispensables, lo que quiero saber es en qué cabeza nació la idea, Yo, mi señor, sólo tuve que enseñar al elefante a arrodillarse a mi orden, Y a ti quién te dio la orden para que lo hicieras, Mi señor, no me está permitido hablar del asunto, Alguien te lo ha prohibido, No puedo decir que me lo hayan prohibido expresamente, pero a buen entendedor media palabra basta, Quién ha dicho esa media palabra, Mi señor, Tendrás para arrepentirte amargamente si no respondes sin más ni más a la pregunta, Fue un padre de la basílica, Explícate mejor, Me dijo que necesitaban un milagro y que ese milagro lo podría hacer solimán, Y tú, qué dijiste, Que solimán no estaba habituado a hacer milagros y que el intento podía ir mal, Y el padre, Me amenazó que tendría fuertes motivos para arrepentirme si no le obedecía, casi las mismas palabras que vuestra alteza acaba de usar, Y qué pasó después, Estuve el resto de la mañana enseñando a solimán a ponerse de rodillas ante una señal mía, no fue nada fácil, pero acabé consiguiéndolo, Eres un buen cornaca, Vuestra alteza me confunde, Quieres un consejo, Sí, mi señor, Te aconsejo que no hables fuera de aquí de esta conversación que hemos tenido, Así lo haré, mi señor, Para que no tengas motivos de arrepentimiento, Sí, mi señor, no lo olvidaré, Vete y saca de la cabeza de solimán esa idea estrambótica de andar haciendo milagros arrodillándose ante las puertas de las iglesias, de un milagro debería esperarse mucho más, por ejemplo, que creciese una pierna donde otra hubiera sido cortada, imagina la cantidad de prodigios de éstos que podrían hacerse directamente en el campo de batalla, Sí, mi señor, Vete. Solo, el archiduque comenzó a pensar que tal vez hubiera hablado demasiado, que la difusión de estas sus palabras, si el cornaca se fuera de la lengua, no aportaría ningún beneficio a la delicada política de equilibrio que está tratando de mantener entre la reforma de lutero y la reacción conciliar ya en camino. A fin de cuentas, como dirá enrique cuarto de francia en un futuro no muy lejano, parís bien vale una misa.

Aun así, una punzante melancolía asoma en el delgado rostro de maximiliano, tal vez pocas cosas en la vida le duelan más que la conciencia de haber traicionado los ideales de la juventud. El archiduque se dijo a sí mismo que ya tenía edad suficiente para no llorar por la leche derramada, que las ubres pletóricas de la iglesia católica ahí estaban, como de costumbre, a la espera de manos habilidosas que las ordeñasen, y los hechos, hasta ahora, habían mostrado que las archiducales manos no estaban desprovistas del todo de ese muñidor talento diplomático, con la condición de que la dicha iglesia previera que el resultado del negocio de la fe acabaría siendo, con el tiempo, ventajoso para sus intereses. Sea como sea, la historia del falso milagro del elefante pasaba las marcas de lo tolerable, Los de la basílica, pensó, han perdido la cabeza, teniendo un santo como ése, hombre para hacer de los cascos de un cántaro un cántaro nuevo o, estando en padua, ir por los aires hasta lisboa para salvar al padre de la horca, y después de eso van a pedirle a un cornaca que les preste el elefante para simular un milagro, ah, lutero, lutero, cuánta razón tenías. Habiéndose desahogado así, el archiduque mandó llamar al intendente, al que le ordenó que dispusiese la partida para la mañana siguiente, derechos a trento en una sola etapa si fuera posible o durmiendo una vez más en el camino, si otro remedio no hubiera.

Respondió el intendente que la alternativa le parecía más prudente, pues la experiencia demostraba que no se podía contar con solimán para pruebas de velocidad, Es más un corredor de fondo, remató, para a continuación proseguir, Abusando de la credulidad de la gente, el cornaca ha estado vendiendo pelos del elefante para ungüentos curativos que no van a curar a nadie, Dile de mi parte que si no acaba ya con el negocio tendrá razones para lamentarlo durante el tiempo de vida que le quede, que ciertamente no será mucho, Las órdenes de vuestra alteza serán inmediatamente cumplidas, es necesario poner fin a la farsa, la historia de los pelos del elefante está desmoralizando a la caravana, en especial a los coraceros calvos, Quiero este asunto resuelto, no puedo impedir que la fama del milagro de solimán nos persiga durante todo el viaje, pero al menos que no se diga que la casa de habsburgo saca provecho de las fechorías de un cornaca metido en embustes, cobrando el impuesto sobre el valor añadido como si de una operación comercial cubierta por la ley se tratara, Corro a resolver el asunto, mi señor, el cornaca no acabará riéndose, es una pena que necesitemos tanto de él para conducir el elefante hasta viena, pero espero que le sirva de enmienda lo sucedido, Vete, apágame ese fuego antes de que alguien comience a quemarse en él. Bien vistas las cosas, fritz no merecía tan severos juicios. Está bien que se acuse y denuncie al delincuente, pero una justicia bien entendida debe tener siempre en consideración los atenuantes, el primero de ellos, en el caso del cornaca, es reconocer que la idea del engañoso milagro no fue suya, que fueron los padres de la basílica de san antonio quienes tramaron el embuste, sin el que nunca habría pasado por la cabeza de fritz la idea de explotar el sistema piloso del protagonista del aparente prodigio para enriquecerse. Tanto el noble archiduque como su servicial intendente tenían la obligación de recordar, para reconocimiento de sus pecados mayores y menores, puesto que nadie en este mundo está exento de culpa, y ellos mucho menos, aquel famoso dicho sobre la viga y la paja, que, adaptado a las nuevas circunstancias, enseña que es más fácil ver la viga en el ojo del vecino que el pelo del elefante en el propio ojo. De todos modos, no es éste un milagro que vaya a perdurar en la memoria de los pueblos y de las generaciones. Al contrario de lo que teme el archiduque, la fama del falso prodigio no los perseguirá durante el resto del viaje y en poco tiempo comenzará a disiparse. Las personas que van en la caravana, sean nobles o plebeyas, militares o paisanos, tendrán mucho más en que pensar cuando las nubes que se amontonan sobre la región de trento, por encima de las primeras montañas antes de la muralla de los alpes, comiencen a deshacerse en lluvia, quién sabe si en violento granizo, seguramente en nieve, y los caminos se cubran de resbaladizo hielo. Y entonces es probable que alguno de los que allí van reconozca que, finalmente, el pobre elefante no pasa de ser un cómplice inocente en este grotesco episodio de la historia contable de la iglesia y que el cornaca no es más que un producto insignificante de los corrompidos tiempos que nos tocaron vivir. Adiós mundo, que cada vez vas a peor.

A pesar del deseo formulado por el archiduque, no fue posible vencer en una sola etapa la distancia entre padua y trento. Es cierto que solimán se esforzó todo lo que pudo, tanto cuanto pudo forzarlo el cornaca, que parecía querer vengarse del fiasco de su bien iniciado y mal terminado negocio, pero los elefantes, incluso cuando son de esos que alcanzan las cuatro toneladas de peso, tienen también, físicamente, sus límites. Razón tenía el intendente cuando lo clasificó como corredor de fondo. A bien decir, eso era lo mejor. En lugar de llegar en la penumbra de la tarde, casi de noche, entraron en trento al mediodía, con gente en las calles y los consecuentes aplausos. El cielo seguía cubierto por lo que parecían nubes pegadas, de horizonte a horizonte, pero no llovía. Los meteorólogos de la caravana, que por vocación eran casi todos los que en ella iban, fueron unánimes, Esto es nieve, decían, y de la buena. Llegado el cortejo a trento, les esperaba una sorpresa en la plaza de la catedral de san virgilio. En el centro geométrico de dicha plaza se levantaba, más o menos a la mitad del tamaño natural, la estatua de un elefante, o mejor dicho, una construcción de tablas con todo el aspecto de haber sido preparadas a toda prisa, la cual, sin excesivo cuidado de exactitud anatómica, aunque no le faltara una trompa arqueada ni unos dientes en que el marfil fue sustituido por una mano de pintura blanca, debía de estar representando a solimán, o sólo podría representarlo a él, dado que otro animal de la misma especie no era esperado por esos parajes, ni constaba que algún otro hubiese formado parte de la historia de trento, al menos en el pasado reciente. Cuando se topó con la elefantina figura, el archiduque tembló. Se estaban confirmando sus peores temores, la noticia del milagro había llegado hasta ahí y las autoridades religiosas del burgo, que ya bastante se aprovechaban, material y espiritualmente, de la celebración del concilio en el interior de sus muros, habían visto confirmada la santidad adyacente, por expresarlo de alguna manera, de trento en relación a padua y a la basílica de san antonio, de modo que decidieron manifestarla levantando frente a la catedral donde se reunían desde hacía años los cardenales, los obispos y los teólogos, un armazón sumario que representaba la milagrera criatura. Afinando mejor la vista, el archiduque notó que en el dorso del elefante había unas portezuelas grandes, una especie de trampillas que inmediatamente le hicieron recordar aquel famosísimo caballo de troya, aunque fuese más que evidente que en la barriga de la estatua no había espacio suficiente ni para una escuadrilla de infantes, a no ser que fueran liliputienses, y entonces sí que no podrían serlo, dado que la palabra todavía no existía. Para salir de dudas, el desasosegado archiduque ordenó al intendente que fuese a averiguar qué demonios estaba haciendo allí aquel mal ensamblado mostrenco que tanta perturbación le causaba. El intendente fue a por noticias y volvió con ellas. No había motivo para sustos. El elefante estaba allí para festejar el paso de maximiliano de austria por la ciudad de trento, y su otra finalidad, que realmente la tenía, era servir de soporte a los fuegos artificiales que al caer la noche irrumpirían desde la carcasa. Respiró aliviado el archiduque, en definitiva los hechos del elefante no merecieron en trento ninguna consideración especial, salvo quizá la de acabar reducido a cenizas, pues había fuertes probabilidades de que los rescoldos de los fuegos artificiales alcanzaran la madera, proporcionando a los asistentes un final que muchos años más tarde, infaliblemente, recibiría el calificativo de wagneriano. Así sucedió. Después de un vendaval de colores, en que el amarillo del sodio, el rojo del calcio, el verde del cobre, el azul del potasio, el blanco del magnesio, el dorado del hierro obraron prodigios, en que las estrellas, los surtidores, las vagarosas luces y las cascadas de luminarias salieron del interior del elefante como de una inagotable cornucopia, la fiesta acabó en una gran hoguera que no pocos trentinos aprovecharon para calentarse las manos, mientras solimán, abrigado bajo un alpende construido aposta, iba dando cuenta del segundo fardo de forraje. Poco a poco la hoguera se fue convirtiendo en ardientes brasas, pero el frío no permitió que durara mucho, las brasas se transformaron rápidamente en cenizas, aunque a estas alturas, acabado el espectáculo principal, ya el archiduque y la archiduquesa se habían retirado. La nieve comenzó a caer.

Ahí están los alpes. Sí, están, pero apenas se ven. La nieve baja mansa, como leves copos de algodón en rama, pero esa suavidad es engañosa, que lo diga nuestro elefante, que lleva sobre las espaldas, cada vez más visible, una mancha de hielo que ya tendría que haber sido objeto de la atención del cornaca si no se diese la circunstancia de ser él oriundo de las tierras calientes donde esta especie de invierno ni siquiera usando toda la imaginación se concibe. Claro que en la vieja india, allí por el norte, no faltan montañas y nieves sobre ellas, pero subhro, ahora fritz, nunca gozó de medios para viajar por su propio placer y ver mundo. Su única experiencia de nieve la tuvo en lisboa pocas semanas después de haber llegado de goa, cuando, en una noche fría, vio bajar del cielo un tamo blanco, como harina cayendo del cedazo, que se derretía apenas tocaba el suelo. Nada por tanto que se parezca a la inmensidad blanca que tiene delante de los ojos, hasta donde la vista puede alcanzar. En poco tiempo, los copos de algodón se habían convertido en grandes y pesadas bolas que, empujadas por el viento, fustigaban como bofetadas la cara del cornaca. Acurrucado en el cogote de solimán, envuelto en el capote, fritz no sentía demasiado frío, pero esos golpes continuos, incesantes, lo inquietaban como una amenaza inminente. Le habían dicho que de trento a bolzano era, por decirlo de alguna manera, un paseo, unas diez leguas, o un poco menos, o sea, el salto de una pulga, pero no con este tiempo, cuando la nieve parece tener uñas para prender y retardar todos y cada uno de los movimientos y hasta incluso la propia respiración, como si no estuviera dispuesta a dejar salir de ahí al imprudente. Que lo diga solimán que, a pesar de la fuerza que la naturaleza le ha dado, penosamente se va arrastrando por las empinadas laderas del camino. No sabemos lo que piensa, pero, por lo menos, de una cosa podemos tener la certeza en estos alpes, no es un elefante feliz. Quitando las ocasiones en que los coraceros pasan cabalgando lo mejor que pueden en sus transidas monturas, sierra abajo, sierra arriba, para observar la disposición de la caravana con vistas a evitar dispersiones o desvíos que podrían ser causa de muerte para quien en estos helados parajes se perdiese, el camino parece existir sólo para el elefante y su cornaca. Habituado desde valladolid a la proximidad del carruaje de los archiduques, le extraña al cornaca no verlo delante, que del elefante no nos atreveremos a hablar porque, como ya dijimos antes, no sabemos lo que piensa. El coche archiducal está por ahí, pero no se vislumbra ni el rastro, y de la galera del forraje, que debería ir detrás, tampoco hay noticias. El cornaca volvió la cabeza, a ver si era cierto, y fue esta mirada providencial la que le hizo darse cuenta de la capa de hielo que cubría los cuartos traseros de solimán. Aunque no conociese nada de los deportes de invierno, le pareció que el hielo era bastante fino y tenía un aspecto quebradizo, lo que probablemente se debía al calor del cuerpo del animal, que no lo dejaría endurecerse por completo. De lo malo, lo menos, pensó. En todo caso, antes de que la cosa fuera a más tenía que quitarlo de allí. Con mil cuidados, para evitar resbalarse él mismo, el cornaca gateó por el lomo del elefante hasta llegar a la intrusa placa de hielo, que en resumidas cuentas no era tan fina ni tan quebradiza como antes le había parecido. Del hielo nunca hay que fiarse, primera lección que es indispensable aprender. Pisando un mar que el frío heló podemos dar la impresión a los demás de que somos personas que caminan sobre las aguas, pero esa ilusión es falsa, tan falsa como fue falso el milagro de solimán ante la puerta de la basílica de san antonio, de repente se quiebra el hielo y nunca se sabe qué podrá suceder. El problema que fritz tiene ahora para resolver es la falta de un instrumento capaz de soltar el maldito hielo de la piel del elefante, una espátula de lámina fina y punta redonda, por ejemplo, sería lo ideal, pero espátulas de ésas no se encuentran por aquí, si es que ya en este tiempo hay gente para fabricarlas. La única solución, por tanto, será trabajar con las uñas, y no lo decimos en sentido figurado. El cornaca ya tenía los dedos agarrotados cuando comprendió dónde estaba el nudo gordiano de la cuestión, nada más, nada menos, que haber hecho los gruesos y duros pelos del elefante causa común con el hielo, costando por tanto cada pequeño avance una dura batalla, pues si no había espátula para ayudar a despegar el hielo de la piel, tampoco había tijera para ir cortando el entramado piloso. Desprender cada pelo de ésos fue una tarea que rápidamente se reveló muy allá de las posibilidades físicas y mentales de fritz, obligado por fin a desistir de la operación antes de que se convirtiera él mismo en una lamentable estatua de nieve a la que sólo le faltaría una pipa en la boca y una zanahoria en lugar de la nariz. Los mismos pelos que habían sido fuente de un prometedor negocio, enseguida frustrado por los escrúpulos morales del archiduque, eran ahora causa de un fiasco cuyas consecuencias para la salud del elefante todavía estaban por verse. Como si esto fuese poco, otra cuestión, al parecer con carácter de urgencia, se había presentado en los últimos minutos. Desconcertado por el cambio del familiar peso del cornaca desde la nuca a los cuartos traseros, el elefante daba claras señales de desorientación, como si hubiera perdido la noción del camino y no supiese hacia dónde ir. Fritz no tuvo otro remedio que gatear rápidamente hasta su habitual asiento y retomar las riendas de la conducción. En cuanto a la placa de hielo que quedó atrás, roguemos al dios de los elefantes que evite males mayores. Si hubiese por aquí un árbol con una rama asaz fuerte a tres metros de altura y razonablemente paralela al suelo, el propio solimán se encargaría de libertarse de la incómoda y quizá peligrosa manta de hielo, bastaría que pudiese restregarse como es inmemorial tradición que se restrieguen los elefantes en los troncos de los árboles cuando un picor aprieta más que lo soportable. Ahora que la nieve había redoblado en intensidad, y esto no quiere decir que una cosa fuese consecuencia de la otra, el camino se hizo más empinado, como si estuviera cansado de arrastrarse a ras de tierra y quisiese ascender a los cielos, aunque fuera a uno de sus niveles inferiores. Tampoco las alas del colibrí pueden soñar con el potente batir de alas del albatros contra la violencia del viento ni con el majestuoso aletear del águila real sobre los valles. Cada uno es para lo que nació, pero hay que contar siempre con la posibilidad de que se nos presenten de frente excepciones importantes, como el caso de solimán, que no nació para esto, pero no le quedó otro remedio que inventar por su propia cuenta alguna manera de compensar la inclinación del terreno, como esta de extender la trompa hacia delante, lo que le dará el aire inconfundible de un guerrero lanzado a la carga y al que le espera muerte o gloria. Y todo, alrededor, es nieve y soledad. Esta blancura, lo dice quien conoce la región, oculta un paisaje de extraordinaria belleza. Pues nadie lo diría, y nosotros, que aquí estamos, menos que nadie. La nieve devoró los valles, hizo desaparecer la vegetación, si hay por aquí casas habitadas apenas se ven, un poco de humo saliendo por la chimenea es la única señal de vida, alguien dentro acercó a la lumbre hachas de leña húmeda y espera, con la puerta prácticamente bloqueada por el nevazo, el socorro de un san bernardo con la botella de brandy al cuello. Casi sin notarse, la ladera se había acabado, solimán ya podía normalizar la respiración, reducir a un tranquilo paso de paseo el tremendo esfuerzo que venía haciendo, para colmo con un cornaca sentado sobre la nuca y una placa de hielo oprimiéndole los cuartos traseros. La cortina de nieve se había aclarado un poco, permitiendo, más o menos, distinguir unas tres o cuatro centenas de metros de camino, como si el mundo hubiese decidido, por fin, recuperar la perdida normalidad meteorológica. Tal vez fuese ésa, realmente, la intención del mundo, pero algo de anormal debía de haber sucedido para que se formara tal grupo de personas, caballos y carros, como si hubiesen encontrado un buen sitio para un picnic. Fritz hizo alargar el paso de solimán y enseguida vio que estaba con su gente, con la caravana, lo que, por otra parte, no exigía gran perspicacia, pues como sabemos, archiduque de austria hay sólo éste y ninguno más. Bajó del elefante y la pregunta que hizo a la primera persona que encontró, Qué ha sucedido, tuvo respuesta rápida, Se ha partido el eje delantero del coche de su alteza, Qué desgracia, exclamó el cornaca, El carpintero de coches y sus ayudantes están colocando otro eje, dentro de una hora estaremos listos para seguir la marcha, Y dónde lo tenían, Dónde tenían, el qué, El otro eje, Sabrás mucho de elefantes, pero no te pasa por la cabeza que nadie se arriesgue a un viaje de éstos sin llevar consigo piezas de repuesto, Y sus altezas sufrieron algunas molestias con lo sucedido, Ninguna, sólo un gran susto porque el coche se inclinaba hacia un lado, Dónde están ahora, Abrigados en otro carruaje, ahí delante, Pronto va a anochecer, Con un nevazo de éstos, hay siempre luz en el camino, nadie se pierde, dijo el sargento de los coraceros, que era el interlocutor. Y era cierto porque ahora mismo estaba llegando el carro que transportaba los fardos de forraje, y en buena hora llegó porque solimán, después de haber arrastrado sierra arriba sus cuatro toneladas, estaba más que necesitado de reponer las fuerzas. En menos que un amén desató fritz dos fardos allí mismo, y el segundo amén, de haberlo, ya encontraría al elefante engullendo con ansiedad la pitanza. Luego aparecieron por detrás los coraceros de retaguardia de la caravana y con ellos el restante equipaje, transidos de frío, abatidos por el tremendo esfuerzo hecho durante leguas y leguas, pero felices por haberse integrado en el colectivo viajero. Pensándolo bien, el accidente sufrido por el coche archiducal sólo puede haber sido obra de la divina providencia. Como enseña la nunca suficientemente alabada sabiduría popular, y como una vez más quedó demostrado, dios escribe derecho con renglones torcidos, y son esos mismos los que prefiere. Cuando la sustitución del eje fue acabada y comprobada la solidez de la reparación, los archiduques regresaron al confort del coche y la caravana, reagrupada, se puso en marcha, tras haber recibido sus integrantes, tanto militares como paisanos, órdenes absolutamente terminantes para que la cohesión física fuese defendida a toda costa, de manera que no volviera a producirse la lamentable disposición anterior, que sólo por mucha suerte no había tenido peores consecuencias. Era noche cerrada cuando la caravana entró en bolzano.

Al día siguiente la caravana durmió hasta tarde, los archiduques en casa de una familia noble del burgo, el resto disperso por la pequeña ciudad de bolzano, unos aquí, otros ahí, los caballos de los coraceros distribuidos por las cuadras que todavía tenían lugares disponibles, y los humanos alojados en casas particulares, que eso de acampar al aire libre no tenía nada de apetitoso, ni siquiera era posible, salvo si aún le quedaban fuerzas a la compañía para pasarse el resto de la noche barriendo nieve. Lo que dio más trabajo fue encontrar abrigo para solimán. Después de mucho buscar, acabó descubriéndose un cobertizo que no era nada más que eso, un alpende sin resguardos laterales, que poca más protección podría proporcionarle que si estuviera durmiendo à la belle étoile, manera lírica que tienen los franceses de decir relente, palabra también inapropiada, pues relente no es más que una humedad nocturna, un rocío, una escarcha, niñerías meteorológicas si las comparamos con el nevazo de los alpes que bien ha justificado la designación de níveo manto, lecho acaso mortal. Ahí le dejaron nada menos que tres fardos de forraje para satisfacción de los apetitos, tanto los inmediatos como los nocturnos, de solimán, proclive a éstos como cualquier ser humano. En cuanto al cornaca, tuvo la suerte de beneficiarse, en la distribución de los alojamientos, de un misericordioso jergón en el suelo y de un no menos misericordioso cobertor, cuyo poder calorífico amplió echándole por encima el capote, a pesar de que todavía estaba algo húmedo. En la habitación de la acogedora familia había tres camas, una para el padre y la madre, otra para los tres hijos varones, de edades entre los nueve y los catorce años, y la tercera para la abuela septuagenaria y dos siervas. El único pago que a fritz se le reclamó fue que contara algunas historias de elefantes, a lo que el cornaca accedió de buen grado, comenzando por su pièce de résistance, es decir, el nacimiento de ganesh, y acabando en la reciente y, en su opinión, heroica ascensión de los alpes de que creemos haber dado suficiente relato. Fue entonces cuando el padre dijo, desde la cama, mientras se oían los ronquidos de la mujer, que más o menos por estos parajes de los alpes, según antiquísimas historias y las subsiguientes leyendas, anduvieron también, después de atravesar los pirineos, el famoso general cartaginés aníbal y su ejército de hombres y elefantes africanos que tantos disgustos acabaron dándoles a los soldados de roma, aunque, según modernas versiones, no se tratara de elefantes africanos propiamente dichos, de grandes orejas e imponente corpulencia, y sí de los llamados elefantes de los bosques, no mucho mayores que los caballos. Nevascas, sí, eran las de aquellos tiempos, añadió, y entonces no había ni caminos, Parece que no le gustan mucho los romanos, insistió fritz, La verdad es que aquí somos más austriacos que italianos, en alemán nuestra ciudad se llama bozen, A mí me gusta más bolzano, dijo el cornaca, me suena mejor al oído, Será por ser portugués, Venir de portugal no hace de mí portugués, Entonces de dónde es vuestra señoría, si se me permite la pregunta, Nací en la india y soy cornaca, Cornaca, Sí, señor, cornaca es el nombre que se les da a quienes conducen los elefantes, En ese caso, el general cartaginés también traería cornacas en su ejército, No llevaría elefantes a ninguna parte si no hubiese quien los guiase, Los llevó a la guerra, A la guerra de los hombres, Pensándolo bien, no hay otras. El hombre era filósofo.

Por la mañana temprano, repuesto de fuerzas, y con el estómago más o menos reconfortado, fritz agradeció la hospitalidad y fue a ver si todavía tenía elefante que cuidar. Había soñado que solimán salía de bolzano en el silencio de la noche y andaba recorriendo los montes y valles de alrededor, poseído por una especie de embriaguez que sólo podría ser efecto de la nieve, aunque la bibliografía conocida sobre la materia, si exceptuamos la de los desastres de la guerra de aníbal en los alpes, se ha limitado, en los últimos tiempos, a registrar, con cansada monotonía, las piernas y los brazos partidos de los amantes del esquí. Buenos tiempos en los que una persona cae desde lo alto de una montaña para acabar aplastada, mil metros abajo, en el fondo de un valle ya sembrado de costillas, tibias y cráneos de otros aventureros igualmente desafortunados. Eso, sí, es vida. En la plaza ya estaban unos cuantos coraceros reunidos, algunos montados, otros no, y los que todavía faltaban ya venían acercándose. Nevaba, pero poco. Fiel a sus hábitos de curioso por necesidad, puesto que nadie lo informaba de primera mano, fue a preguntarle al sargento qué noticias había. No necesitó decir nada más que un educado buenos días porque el militar, sabiendo de antemano lo que quería, le transmitió las novedades, Vamos a bressanone, o brixen, como se dice en alemán, hoy el viaje será corto, no llegará a diez leguas. Después de una pausa destinada a crear expectativas, el sargento añadió, Me parece que en brixen vamos a tener unos días de descanso, que bien necesitados estamos, Hablo por mí, solimán apenas puede poner una pata delante de la otra, éste no es un clima para él, a ver si pilla por ahí una neumonía, y después quiero ver lo que su alteza hará con los huesos del pobre, Todo se arreglará, dijo el sargento, hasta ahora las cosas no han ido mal. Fritz no tuvo otro remedio que estar de acuerdo y fue a buscar al elefante. Lo encontró en el alpende, aparentemente tranquilo, pero al cornaca, todavía bajo la impresión del incómodo sueño, le pareció que estaba disimulando, como si de verdad hubiese abandonado bolzano a medianoche para darse un garbeo entre las nieves, tal vez hasta las cimas más altas, donde se dice que son perpetuas. En el suelo no había el menor vestigio del forraje que le habían dejado, ni siquiera una paja de muestra, lo que, por lo menos, permitía esperar que el animal no iba a ponerse a lloriquear como hacen los niños pequeños, aunque, cosa esta generalmente poco sabida, sea, el elefante, una otra especie de niño, si no en el físico, al menos en el imperfecto intelecto. En realidad, no sabemos lo que un elefante piensa, pero tampoco sabemos lo que piensa un niño, salvo lo que él quiera darnos a entender, luego, en principio, nada en lo que se deba depositar demasiada confianza. Fritz hizo señal de que quería subirse y el elefante, presuroso, con todo el aire de desear que le disculpasen alguna travesura, le ofreció el colmillo para apoyo del pie, tal como si de un estribo se tratase, y lo enlazó por la cintura con la trompa, como un abrazo. Con un único impulso lo izó hasta su cogote, donde lo dejó confortablemente instalado. Fritz miró hacia atrás y, al contrario de lo que esperaba, no vio la más leve señal de hielo en los cuartos traseros. Había ahí un misterio que probablemente no le sería dado descifrar. O bien el elefante, cualquiera, o éste en particular, dispone de un sistema de autorregulación térmica accidentalmente capaz, tras una necesaria concentración mental, de derretir una capa de hielo de espesura razonable, o entonces el ejercicio de subir y bajar montañas en marcha acelerada hizo que el dicho hielo se desprendiera de la piel a pesar del laberíntico entramado de pelos que tanto trabajo le dio al cornaca fritz. Ciertos misterios de la naturaleza parecen a primera vista impenetrables y la prudencia tal vez aconseja dejarlos así, no sea que de un conocimiento adquirido en bruto acabe llegándonos más mal que bien. Véase, por ejemplo, el resultado de que adán comiera en el paraíso lo que parecía una vulgar manzana. Puede ser que el fruto propiamente dicho haya sido una obra deliciosa de dios, pero hay quien afirma que no fue una manzana, que fue, sí, una tajada de sandía, aunque las simientes, en cualquier caso, ésas, fueron ahí puestas por el diablo. Para colmo negras.

El coche de los archiduques ya está a la espera de sus nobles, ilustres, egregios pasajeros. Fritz encamina al elefante hacia el lugar que le está reservado en el séquito, o sea, detrás del coche, pero a una distancia prudente, no vaya a enfadarse el archiduque con la vecindad de un estafador que, sin haber llegado al extremo clásico de vender gato por liebre, consiguió engatusar a los infelices calvos, incluyendo incluso a los más valientes coraceros, con la promesa de una cabellera tan abundante como la del mítico y desgraciado sansón. Inútil preocupación fue ésta, porque el archiduque simplemente no miró hacia atrás, por lo visto tenía más en que pensar, quería llegar a bressanone con luz del día y ya estaban atrasados. Despachó al ayudante de campo para que llevase sus órdenes a la cabecera de la caravana, resumibles en tres palabras prácticamente sinónimas, rapidez, velocidad, presteza, salvando siempre, claro está, los efectos retardadores de la nieve que comenzaba a caer con más fuerza, y también el estado de los caminos, en general malos y ahora peores. Serán sólo diez leguas, informó el servicial sargento, pero si, por las cuentas actuales, diez leguas son cincuenta mil metros, o unas cuantas decenas de miles de pasos de los antiguos, y de eso, cuentas son cuentas, no se puede huir, esta gente y estos animales que acaban de arrancar para una penosa jornada van a tener que sufrir, sobre todo aquellos a quienes les falta el favor de un techo, que son casi todos. Qué bonita es la nieve vista por detrás de la ventana, le dijo ingenuamente la archiduquesa maría al archiduque maximiliano, su marido, pero fuera, con los ojos cegados por las ventiscas y las botas empapadas, con los sabañones de los dedos de los pies y de las manos ardiendo como un fuego del infierno, es momento de preguntar a los cielos qué hemos hecho nosotros para merecer tal castigo. Como escribió el poeta, los pinos bien interrogan, pero el cielo no les responde. Tampoco les responde a los hombres, a pesar de que éstos, en su mayoría, se saben desde pequeños las oraciones precisas, el problema está en acertar con un idioma que dios sea capaz de entender. También el frío, cuando nace, es para todos, se dice, pero no todos reciben en la espalda la misma porción. La diferencia está entre viajar en un coche forrado de pellizas y mantas con termostato y tener que caminar bajo el azote de la nieve por el propio pie o con él sujeto en un estribo helado que oprime como un torniquete. Lo que sirvió de algo fue que la información que el sargento le pasó a fritz sobre la posibilidad de un buen descanso en bressanone había circulado como una brisa de primavera por toda la caravana, aunque enseguida los pesimistas, uno por uno y todos juntos, les recordaban a los olvidadizos los peligros del paso de isarco, por no hablar aún de algo bastante peor que habrá más adelante, el de brenner, ya en territorio austriaco. Hubiese osado aníbal avanzar por ellos y probablemente no habríamos tenido que esperar a la batalla de zama para asistir, en el cine de barrio, a la última y definitiva derrota del ejército cartaginés a manos de escipión, el africano, largometraje de romanos producido por el hijo mayor de benito, vittorio mussolini.

Sobre la nuca de solimán, soportando de lleno en la cara el castigo de la nieve que venía siendo soplada por la incesante ventisca, fritz no está en la mejor de las situaciones para elaborar y desarrollar pensamientos elevados. Aun así, le va dando vueltas a la cabeza para descubrir la manera de mejorar sus relaciones con el archiduque, que no sólo le ha retirado la palabra sino la mirada. En valladolid la cosa comenzó bien, pero solimán, con sus descomposiciones de vientre en el camino hasta rosas, causó serio daño a la noble causa de la armonización de clases sociales tan apartadas unas de las otras como las de los cornacas y los archiduques. Con buena voluntad podría olvidarse todo eso, pero su delito, el de subhro o fritz, o como diablos se llame, ese delirio que le hizo querer enriquecerse por medios ilícitos y moralmente reprobables, acabó con cualquier esperanza de recomposición de la casi fraternal estima que, durante un mágico instante, aproximó al futuro emperador de austria y al humilde conductor de elefantes. Tienen razón los escépticos cuando afirman que la historia de la humanidad es una interminable sucesión de ocasiones perdidas. Afortunadamente, gracias a la inagotable generosidad de la imaginación, vamos supliendo las faltas, llenando las lagunas lo mejor que se puede, abriendo pasos en callejones sin salida y que sin salida seguirán, inventando llaves para abrir puertas huérfanas de cerraduras o que nunca las tuvieron. Es lo que está haciendo fritz en este momento en que solimán, levantando las pesadas patas con dificultad, uno, dos, uno, dos, pisa la nieve que continúa acumulándose en el camino, mientras el agua pura de que ella está hecha insidiosamente se va convirtiendo en el más resbaladizo de los hielos. Amargado, fritz piensa que sólo un acto de heroicidad de su parte podrá restituirle la benevolencia del archiduque, pero por más vueltas que le dé a la cabeza, no encuentra nada suficientemente grandioso para atraer, al menos durante un segundo, la mirada complaciente de su alteza. Es entonces cuando imagina que el eje del carruaje, habiéndose partido una vez, otra vez se puede partir, y que desencajada la puerta del coche por el súbito desequilibrio, por ella se precipita desamparada la archiduquesa que, deslizándose sobre sus múltiples sayas por una pendiente no demasiado empinada, sólo consigue parar en el fondo del barranco, felizmente ilesa. Entonces llega la hora del cornaca fritz. Con un toque enérgico del bastón que le hace la función de volante, encamina a solimán hacia el borde del barranco y le hace bajar con firmeza y seguridad hasta donde estaba, medio aturdida, la hija de carlos quinto.

Algunos coraceros se disponían a bajar también, pero el archiduque los detuvo, Déjenlo, vamos a ver cómo se descalza la bota. Todavía no había acabado la frase y ya la archiduquesa, izada por la trompa del elefante, se encontraba sentada entre las piernas escarranchadas de fritz, en una proximidad corporal que, en otras circunstancias, sería motivo de gravísimo escándalo. Fuese ella reina de portugal y tendríamos confesión seguro. Desde arriba, los coraceros y la demás gente del séquito aplaudían con entusiasmo el heroico salvamento, mientras el elefante, que parecía consciente de su acción, subía al paso, con renovada firmeza, la cuesta. Llegados al camino, el archiduque recibió en los brazos a la mujer y, levantando la cabeza para mirar al cornaca de frente, dijo en castellano, Muy bien, fritz, gracias. El alma de fritz habría reventado allí mismo de felicidad, suponiendo que tal fenómeno pudiera suceder en algo que es menos que un puro espíritu, si todo lo que aquí quedó descrito no hubiese sido otra cosa que el fruto enfermizo de una imaginación culpable. La realidad lo mostraba tal como era, curvado sobre el elefante, casi invisible bajo la nieve, la desolada imagen de un triunfador derrotado, demostrándose una vez más que el capitolio está al lado de la roca tarpeia, en uno te coronan de laureles, en otra te empujan a donde, esfumada la gloria, perdida la honra, dejarás los míseros huesos. El eje del coche no se partió, la archiduquesa dormita en paz sobre el hombro del marido, sin sospechar que la salvó un elefante y que un cornaca llegado de portugal le sirvió de instrumento a la providencia divina. A pesar de toda la crítica que sobre él se viene haciendo, el mundo descubre cada día maneras de ir funcionando tant bien que mal, permítasenos este pequeño homenaje a la cultura francesa, la prueba es que cuando las cosas buenas no suceden por sí mismas en la realidad, la libre imaginación da una ayuda para la composición equilibrada del cuadro. Es cierto que el cornaca no salvó a la archiduquesa, pero podría haberlo hecho, puesto que lo imaginó, y eso es lo que cuenta. A pesar de verse devuelto sin piedad a la soledad y a las dentelladas del frío y de la nieve, fritz, gracias a ciertas creencias fatalistas que tuvo tiempo de interiorizar, es decir, de meterse en la cabeza, en lisboa, piensa que, si en las tablas del destino está previsto que el archiduque haga las paces con él, ese momento llegará de todas todas. Con esta confortable certeza, se abandonó al balanceo de los pasos de solimán, solo en el paisaje porque, una vez más, a causa de la nieve que seguía cayendo, la parte de atrás del coche ha dejado de ser vista. La escasa visibilidad todavía le permitía distinguir dónde se ponían los pies, pero no adónde los llevarían. Mientras, la orografía se estaba modificando, primero de una manera que se podría decir discreta, mansa, casi pura ondulación, ahora con una violencia que daba que pensar, como si las montañas hubiesen iniciado un proceso apocalíptico de fracturas en progresión geométrica. Veinte leguas fueron suficientes para pasar de los contrafuertes redondeados, que eran como falsas colinas, a la agitación tumultuosa de las masas rocosas, rotas en desfiladeros, erguidas en picos que escalaban el cielo y desde donde, de vez en cuando, se precipitaban, vertiente abajo, veloces aludes que configuraban nuevos paisajes y nuevas pistas para futuro deleite de los amantes del esquí. Por lo visto nos vamos aproximando al paso de isarco, al que los austriacos insisten en llamar eisack. Todavía va a ser necesario caminar por lo menos una hora más para llegar allí, pero una providencial disminución en la espesa cortina de nieve permitió que se viera a lo lejos, durante un breve instante, un corte vertical en la montaña, El isarco, dijo el cornaca. Así era. Una cosa que cuesta trabajo entender es que el archiduque maximiliano haya decidido hacer el viaje de regreso en esta época del año, pero la historia así lo dejó registrado como hecho incontrovertido y documentado, avalado por los historiadores y confirmado por el novelista, a quien se le tendrán que perdonar ciertas libertades en nombre no sólo de su derecho a inventar, sino también de la necesidad de rellenar los vacíos para que no se llegue a perder del todo la sagrada coherencia del relato. En el fondo, hay que reconocer que la historia no es selectiva, también es discriminatoria, toma de la vida lo que le interesa como material socialmente aceptado como histórico y desprecia el resto, precisamente donde tal vez se podría encontrar la verdadera explicación de los hechos, de las cosas, de la puta realidad. En verdad os diré, en verdad os digo que vale más ser novelista, ficcionista, mentiroso. O cornaca, a pesar de la descabellada fantasía a la que, por origen o profesión, parecen ser propensos. Aunque a fritz no le quede otro remedio que dejarse llevar por solimán, tenemos que reconocer que esta aleccionadora historia que venimos contando no sería la misma si otro fuese el guía del elefante. Hasta ahora, fritz ha sido personaje decisivo en todos los momentos del relato, de los dramáticos y de los cómicos, arriesgándose al ridículo siempre que se creyó conveniente para el buen aliño de la narrativa, o tácticamente aconsejable, aguantando las humillaciones sin levantar la voz, sin alterar la expresión de la cara, cuidando en no dejar traspasar que, si no fuese por él, no habría allí nadie que le llevara la carta a garcía, o sea el elefante a viena. Estas observaciones quizá puedan ser consideradas innecesarias por los lectores más interesados en la dinámica del texto que en manifestaciones pretendidamente solidarias, y en cierta manera ecuménicas, pero fritz, como se vio, bastante desanimado por las consecuencias de los últimos desastrosos sucesos, estaba necesitando que alguien le pusiera una mano amiga en el hombro, y es eso lo que hemos hecho, ponerle la mano en el hombro. Cuando el cerebro divaga, cuando nos arrebata las alas del devaneo, no nos damos cuenta de las distancias recorridas, sobre todo si los pies que nos llevan no son los nuestros. Quitando algún que otro copo vagabundo que se perdió en el trayecto, se puede decir que ha dejado de nevar. La vereda estrecha que tenemos ante nosotros es el famoso paso de isarco. A un lado y a otro, prácticamente verticales, las paredes del desfiladero parecen a punto de desmoronarse sobre el camino. El corazón de fritz se encogió de miedo, un frío distinto a todos los que había conocido hasta ahora le llegó a los huesos. Estaba solo ante la terrible amenaza que lo rodeaba, las órdenes del archiduque, esas imperativas órdenes que determinaban que la caravana debía mantenerse unida y cohesionada como única garantía de seguridad, como hacen los alpinistas que se atan con cuerdas unos a otros, habían sido simplemente ignoradas. Un proverbio, si por tal nombre puede ser designado el dicho, que tanto tiene de portugués como de indio y universal, resume de manera elegante y elocuente situaciones como ésta, cuando te recomienda que deberás hacer lo que yo te diga, pero no hacer lo que yo haga. Así procedió el archiduque, había ordenado, Mantengámonos juntos, pero, llegada la ocasión, en lugar de permanecer allí, como le competía, a la espera del elefante y de su cornaca que venían detrás, siendo además propietario de uno y amo del otro, en sentido figurado, espoleó al caballo, y piernas para qué os quiero, derecho a la desembocadura del peligroso paso antes de que se hiciese demasiado tarde y el cielo le cayese encima. Imagínense ahora que la avanzadilla de los coraceros había penetrado en el desfiladero y ahí se quedó a la espera, imagínense que igualmente se quedaban esperando los que fuesen llegando, el archiduque y su archiduquesa, el elefante solimán y el cornaca fritz, el carro de los forrajes, finalmente el resto de coraceros que remataban la marcha, y también las galeras intermedias, cargadas de cofres, arcas y baúles, y la multitud de criados, todos fraternalmente reunidos, a la espera de que la montaña se viniera abajo o que un alud como nunca se había visto otro los amortajara a todos, cortando el desfiladero hasta la primavera. El egoísmo, generalmente tenido por una de las actitudes más negativas y reprobables de la especie humana, puede tener, en ciertas circunstancias, sus buenas razones. Al haber salvado nuestro rico pellejo, escapándonos rápidamente de la ratonera mortal en que el paso de isarco podía tornarse, salvamos también el pellejo de los compañeros de viaje, que, al llegar su turno de avanzar, pudieron seguir el viaje sin ser frenados por embotellamientos de tráfico inoportunos, luego, la conclusión es muy fácil de sacar, que cada uno mire por sí mismo para que nos podamos salvar todos. Quién diría que la moral no siempre es lo que parece y que puede ser moral tanto más efectiva cuanto más contraria a sí misma se manifieste. Ante estas cristalinas evidencias, y estimulado por el impacto súbito, unos cien metros más atrás, de una masa de nieve que, sin aspirar al nombre de alud, fue más que suficiente para que el susto fuera de tomo y lomo, fritz le dio a solimán señal de andar, Ya, ya. Al elefante le pareció poco. Mejor que el simple paso, la situación, porque podía ser tan peligrosa, pedía un trote, o, mejor aún, un galope que rápidamente lo pusiese a salvo de las amenazas del isarco. Rápido fue, por tanto, tan rápido como san antonio cuando usó la cuarta dimensión para ir a lisboa a salvar al padre de la horca. Lo malo es que solimán había abusado demasiado de su fuerza. Jadeando, pocos metros después de haber dejado atrás la boca del desfiladero, se le vinieron abajo las patas delanteras y las rodillas al suelo. El cornaca, sin embargo, tuvo suerte. Lo normal sería que el choque lo hubiera proyectado violentamente delante de la cabeza de la infeliz montura. Sólo dios sabe con qué nefastas consecuencias, pero la tan celebrada memoria de elefante le hizo recordar a solimán lo que había pasado con el cura de la aldea que pretendía exorcizarlo, cuando, en el último segundo, en el postrero instante, logró amortiguar la patada, por ventura mortal, que le había propinado. La diferencia con el caso de ahora es que solimán todavía logró recurrir a la reducida energía que le quedaba para reducir la velocidad de su propia caída, haciendo que las gruesas rodillas tocasen el suelo con la levedad de un copo de nieve. Cómo lo habrá conseguido, no se sabe, ni es cosa que se le vaya a preguntar. Tal como los prestidigitadores, también los elefantes tienen sus secretos. Entre hablar y callar, un elefante siempre preferirá el silencio, por eso le habrá crecido tanto la trompa, además de transportar troncos de árboles y trabajar de ascensor para el cornaca tiene la ventaja de representar un obstáculo serio para cualquier descontrolada locuacidad. Cautelosamente, fritz le dio a entender a solimán que ya era hora de realizar un pequeño esfuerzo para levantarse. No ordenó, no recurrió a su variado repertorio de toques de bastón, unos más agresivos que otros, sólo lo dio a entender, lo que demuestra una vez más que el respeto por los sentimientos ajenos es la mejor condición para una próspera y feliz vida de relaciones y afectos. Es la diferencia entre un categórico Levántate y un dubitativo Y si te levantaras. Hay incluso quien sustenta que esta segunda frase, y no la primera, fue la que realmente jesús profirió, prueba probada de que la resurrección dependía, sobre todo, de la libre voluntad de lázaro y no de los poderes milagrosos, por muy sublimes que fuesen, del nazareno. Si lázaro resucitó fue porque le hablaron con buenos modos, tan simple como eso. Y que el método sigue dando buenos resultados se vio cuando solimán, sosteniéndose primero sobre la pata derecha, después con la izquierda, restituyó a fritz a la seguridad relativa de una oscilante verticalidad, él que hasta ese momento sólo se había podido valer de la resistencia de unos cuantos pelos de la nuca del elefante para no verse precipitado trompa abajo. He aquí pues a solimán ya firme sobre sus cuatro patas, helo aquí súbitamente animado por la llegada de la galera del forraje que, habiendo pasado, tras trabajosa lucha de las dos juntas de bueyes, el montón de nieve a que antes nos referimos, avanzaba brioso hacia la salida del desfiladero y al voraz apetito del elefante. Su casi desfallecida alma recibía ahora el premio por la proeza de haber hecho regresar a la vida a su propio cuerpo postrado, como para no levantarse más, en medio del blanco y cruel paisaje. Allí mismo se puso la mesa y, mientras fritz y el boyero celebraban la salvación con unos cuantos tragos de aguardiente propiedad del hombre de los bueyes, solimán devoraba fardo tras fardo con enternecedor entusiasmo. Sólo faltaba que brotasen flores de la nieve y que los pajaritos de la primavera vinieran al tirol a entonar sus dulces trinos. No se puede tener todo. Ya es mucho que fritz y el boyero, multiplicando sus respectivas inteligencias, hubieran encontrado el remedio para la preocupante tendencia a separarse de los diversos componentes de la caravana como si no tuvieran nada que ver unos con otros. Era una solución, digamos, de andar por casa, pero sin duda precursora de una manera diferente de abordar los problemas, es decir, incluso aunque el objetivo sea servir mis intereses personales, es siempre conveniente contar con la otra parte. En una palabra, soluciones integradas. A partir de ahora los bueyes y el elefante viajarán inapelablemente juntos, la galera de los fardos de forraje delante, el elefante, como si dijéramos que al olor de la paja, detrás. Por más lógica y racional que se presentara la distribución topográfica de este reducido grupo, hecho que nadie osará negar, nada de lo que aquí se ha logrado, gracias a la deliberada voluntad de llegar a un acuerdo, se podrá aplicar, faltaría más, a los archiduques, cuyo coche ya va más adelante, incluso hasta puede haber llegado a bressanone. Si tal caso se diere, estamos autorizados a revelar que solimán gozará de un merecido descanso de dos semanas en esta conocida estancia turística, concretamente en una posada que tiene el nombre de am hohen feld, lo que significa, nunca mejor dicho, tierra alta. Es natural que parezca extraño que una posada que todavía se encuentra en territorio italiano tenga nombre alemán, pero la cosa se explica si recordamos que la mayor parte de los huéspedes que aquí vienen son precisamente austriacos y alemanes a los que les gusta sentirse como en su casa. Razones afines harán que un día, en el algarbe, como alguien tendrá el cuidado de escribir, toda playa que se precie no es playa sino beach, cualquier pescador fisherman, tanto da si le gusta como si no, y si de conjuntos turísticos, en vez de aldeas, se trata, quedemos sabiendo que lo más normal será que se diga holiday's village, o village de vacances, o ferienorte. Se llega al cúmulo de que no haya nombre para la tienda de modas porque es, en una especie de portugués de adopción, boutique, y, necesariamente, fashion shop en inglés, menos necesariamente mode en francés, y francamente modegeschäft en alemán. Una zapatería se presenta como shoes, y no se hable más del asunto. Y si el viajero pudiera buscar, como quien despioja, nombres de bares y buates, cuando llegase a sines todavía estaría en las primeras letras del alfabeto. Tan despreciado está en la lusitana organización que del algarbe se puede decir, en estas épocas en que bajan los civilizados hasta la barbarie, que es la tierra del portugués tal cual se calla. Así está bressanone.

Se dice, después de que lo hubiera dicho tolstoi, que las familias felices no tienen historia. Tampoco los elefantes felices parecen tenerla. Véase el caso de solimán. Durante las dos semanas que estuvo en bressanone descansó, durmió, comió y bebió a lo grande, hasta decir basta, algo así como unas cuatro toneladas de forraje y unos tres mil litros de agua, con lo que pudo compensar las numerosas dietas forzosas a las que fue sometido durante el largo viaje por tierras de portugal, españa e italia, cuando no fue posible reabastecerle con regularidad la despensa. Ahora, solimán ha recuperado las fuerzas, está gordo, hermoso, al cabo de una semana la piel flácida y arrugada había dejado de hacerle pliegues como un capote mal colgado de un clavo. Las buenas noticias le llegaron al archiduque, que no tardó en hacer una visita a la casa del elefante, es decir, a su propio establo, en vez de mandarlo salir a la plaza, para que exhibiese ante la archiducal autoridad y la población reunida la excelente figura, el look magnífico, que ahora tiene. Como es natural, fritz estuvo presente en el acto, pero, consciente de que la paz con el archiduque todavía no había sido formalizada, si es que alguna vez lo llega a ser, se mostró discreto y atento, sin llamar demasiado la atención, pero esperando que el archiduque dejase caer, por lo menos, una palabra de congratulación, un breve elogio. Así sucedió. Al final de la visita, el archiduque le dirigió de pasada una rápida mirada y le dijo, Hiciste un buen trabajo, fritz, solimán debe de estar satisfecho, a lo que él respondió, No deseo otra cosa, mi señor, mi vida está puesta al servicio de vuestra alteza. El archiduque no respondió, se limitó a mascullar, lacónico, Uhm, uhm, sonido primitivo, si no inicial, que cada uno tratará de interpretar como mejor le convenga. Para fritz, siempre dispuesto, por temperamento y filosofía de vida, a una visión optimista de los acontecimientos, ese mascullar, a pesar de la aparente sequedad y de lo impropio de tal lenguaje en la boca de una archiducal y mañana imperial persona, fue como un paso, un pequeño pero seguro paso, en dirección a la tan ansiada concordia. Esperemos hasta viena para ver lo que sucede.

De bressanone al desfiladero de brenner la distancia es tan corta que con toda seguridad no habrá tiempo para que la caravana se disperse. Ni tiempo ni distancia. Lo que significará que toparemos una y otra vez con el mismo dilema moral de antes, el del paso de isarco, es decir, si vamos juntos o separados. Asusta sólo de pensar que la extensa caravana podrá verse, toda ella, desde los coraceros de avanzada hasta los coraceros de retaguardia, como empotrada entre las paredes del desfiladero y bajo la amenaza de los aludes de nieve o de los desprendimientos de rocas. Probablemente lo mejor será dejar la resolución del problema en manos de dios, que él decida. Vamos andando, vamos andando, y después ya veremos. Con todo, esta preocupación, por muy comprensible que sea, no deberá hacernos olvidar la otra. Dicen los conocedores que el paso de brenner es diez veces más peligroso que el de isarco, otros dicen veinte veces, y que todos los años se cobra unas cuantas víctimas, sepultadas bajo los aludes o aplastadas por los pedruscos que ruedan montaña abajo, si bien al principio de la caída no parecen llevar consigo ese aciago destino. Ojalá llegue el tiempo en que gracias a la construcción de viaductos que unan las alturas unas a otras se eliminen los pasos profundos en que, aunque todavía vivos, ya vamos medio enterrados. Lo interesante del caso es que quienes tienen que utilizar estos puertos lo hacen siempre con una especie de resignación fatalista que, si no evita que el miedo les asalte el cuerpo, al menos parece dejarles el alma intacta, serena, como una luz firme que ningún huracán será capaz de apagar. Se cuentan muchas cosas y no todas serán ciertas, pero el ser humano fue hecho de esta manera, tan capaz de creer que el pelo de elefante, después de un proceso de maceración, hace crecer el cabello, como de imaginar que porta dentro de sí una luz única que lo conducirá por los caminos de la vida, incluyendo los desfiladeros. De una manera u otra, decía el sabio eremita de los alpes, siempre tendremos que morir.

El tiempo no es bueno, lo que, en esta época del año, como ya hemos tenido abundantes pruebas, no es novedad alguna. Es cierto que la nieve cae sin exageración y la visibilidad es casi normal, pero el viento sopla como láminas afiladas que vienen cortando las ropas, por más abrigo que ellas parezcan dar. Que lo digan los coraceros. Según la noticia que corre por la caravana, si el viaje va a recomenzar hoy es porque mañana se espera un agravamiento de la situación meteorológica, y también porque, así que se hayan recorrido unos cuantos kilómetros hacia el norte, lo peor de los alpes, en principio, comenzará a quedar atrás. O, con otras palabras, antes de que el enemigo nos ataque, ataquémosle nosotros a él. Una buena parte de los habitantes de bressanone acudió para ver la partida del archiduque maximiliano y de su elefante y en pago tuvieron una sorpresa. Cuando el archiduque y su esposa se disponían a entrar en el coche, solimán hincó las dos rodillas en el suelo helado, lo que levantó entre la asistencia una salva de palmas y vítores absolutamente digna de registro. El archiduque comenzó sonriendo, pero luego frunció el ceño, pensando que este nuevo milagro había sido una maniobra desleal de fritz, desesperado por hacer las paces. No tiene razón el noble archiduque, el gesto del elefante fue completamente espontáneo, le salió, por decirlo así, del alma, sería una forma de agradecerle, a quien por derecho lo merecía, el buen trato recibido en la posada am hohen feld durante estos quince días, dos semanas de felicidad auténtica, y, por tanto, sin historia. En todo caso, no deberá excluirse la posibilidad de que nuestro elefante, justamente preocupado por la manifiesta frialdad de las relaciones entre su cornaca y el archiduque, hubiera querido contribuir con tan bonito gesto para apaciguar los ánimos desavenidos, como en el futuro se dirá y después dejará de decirse. O, para que no se nos acuse de parcialidad por estar omitiendo supuestamente la verdadera llave de la cuestión, no se puede excluir la hipótesis, que no es meramente académica, de que fritz, ya sea a caso hecho o por pura casualidad, haya tocado con el bastón en la oreja derecha de solimán, órgano milagrero por excelencia como en padua se demostró. Como ya deberíamos saber, la representación más exacta, más precisa, del alma humana es el laberinto. En ella todo es posible.

La caravana está lista para partir. Hay un sentimiento general de aprensión, una tensión indefinible, se nota que las personas no consiguen sacarse de la cabeza el paso de brenner y sus peligros. El cronista de estos acontecimientos no tiene empacho en confesar que teme no ser capaz de describir el famoso desfiladero que más adelante nos espera, él, que, ya cuando el paso de isarco, tuvo que disimular lo mejor que podía su insuficiencia, divagando con materias secundarias, tal vez de alguna importancia en sí mismas, pero huyendo claramente de lo fundamental. Es una pena que en el siglo dieciséis la fotografía todavía no hubiera sido inventada, porque entonces la solución sería facilísima, bastaría con insertar aquí unas cuantas imágenes de la época, sobre todo si son captadas desde helicóptero, y el lector tendría todos los motivos para considerarse ampliamente compensado y reconocer el ingente esfuerzo informativo de nuestra redacción. A propósito, es hora de decir que la pequeña ciudad que viene a continuación, a poquísima distancia de bressanone, se llama en italiano, ya que en italia estamos todavía, vipiteno. Que los austriacos y los alemanes le llamen sterzing es algo que sobrepasa nuestra capacidad de comprensión. No obstante, admitamos como posible, aunque sin poner las manos en el fuego, que el italiano se calle menos en esta parte que el portugués se está callando en los algarbes.

Ya salimos de bressanone. Cuesta entender que en una región tan accidentada como ésta, donde abundan vertiginosas cadenas de montañas cabalgadas unas sobre otras, todavía haya sido necesario rasgar las cicatrices profundas de los puertos de isarco y de brenner, en vez de ponerlas en otros lugares del planeta menos distinguidos con bienes de la naturaleza, donde la excepcionalidad del asombroso fenómeno geológico pudiese, gracias a la industria del turismo, beneficiar materialmente las modestas y sufridas vidas de sus habitantes. Al contrario de lo que será lícito pensar, teniendo en cuenta los problemas narrativos francamente expuestos a propósito de la travesía del isarco, estos comentarios no se destinan a suplir con anticipación la previsible escasez de descripciones del paso de brenner en que estamos a punto de entrar. Son, eso sí, el humilde reconocimiento de cuánta verdad hay en la conocida frase, Me faltan las palabras. Efectivamente, nos faltan las palabras. Se dice que en una de las lenguas habladas por los indígenas de américa del sur, tal vez en la amazonia, existen más de veinte expresiones, unas veintisiete, creo recordar, para designar el color verde. Comparado con la pobreza de nuestro vocabulario en esta materia, parecerá que sería fácil para ellos describir los bosques en que viven, en medio de todos esos verdes minuciosos y diferenciados, apenas separados por sutiles y casi inaprensibles matices. No sabemos si alguna vez lo intentaron y si se quedaron satisfechos con el resultado. Lo que sí sabemos es que un monocromatismo cualquiera, por ejemplo, para no ir más lejos, el aparente blanco absoluto de estas montañas, tampoco decide la cuestión, quizá porque haya más de veinte matices de blanco que el ojo no puede percibir, pero cuya existencia presiente. La verdad, si queremos aceptarla con toda su crudeza, es que, simplemente, no es posible describir un paisaje con palabras. O mejor, posible sí que es, pero no merece la pena. Me pregunto si merece la pena escribir la palabra montaña cuando no sabemos qué nombre se da la montaña a sí misma. Ya con la pintura es otra cosa, es muy capaz de crear sobre la paleta veintisiete tonos de verde que escaparon de la naturaleza, y algunos más que no lo parecen, y a eso, como compete, le llamamos arte. De los árboles pintados no caen hojas.

Ya estamos en el paso de brenner. Por orden expresa del archiduque, en silencio total. Al contrario de lo que había sucedido hasta ahora, la caravana, como si el miedo hubiese producido un efecto congregador, no ha mostrado tendencias de dispersión, los caballos del coche archiducal casi tocan con los hocicos los cuartos traseros de las últimas monturas de los coraceros, solimán va tan próximo al frasquito de las esencias de la archiduquesa que llega a aspirar gozoso el olor que de él se desprende cada vez que la hija de carlos quinto siente necesidad de refrescarse. El resto de la caravana, comenzando por el carro de bueyes con el forraje y la cuba de agua, sigue el rastro como si no hubiera otra manera de llegar al destino. Se tiembla de frío, pero sobre todo de miedo. En las anfractuosidades de las altísimas escarpas se acumula la nieve que de vez en cuando se desprende y cae con un ruido sordo sobre la caravana en pequeños aludes que, sin mayor peligro por sí mismos, tienen como consecuencia aumentar los temores. No hay aquí nadie que se sienta tan seguro que use los ojos para disfrutar de la belleza del paisaje, aunque no falte un viajero que le va diciendo al vecino, Sin nieve es mucho más bonito, Es más bonito, cómo, preguntó el compañero curioso, No se puede describir. Realmente, la mayor falta de respeto para con la realidad, sea ella, la realidad, lo que quiera que sea, que se puede cometer cuando nos dedicamos al inútil trabajo de describir un paisaje, es tener que hacerlo con palabras que no son nuestras, que nunca fueron nuestras, vean, palabras que ya recorrieron millones de páginas y de bocas antes de que llegara nuestro turno de utilizarlas, palabras cansadas, exhaustas de tanto pasar de mano en mano y dejar en cada una parte de su sustancia vital. Si escribimos, por ejemplo, las palabras arroyo cristalino, de tanta aplicación precisamente en la descripción de paisajes, no nos detenemos a pensar si el arroyo sigue siendo tan cristalino como cuando lo vimos por primera vez, o si dejó de ser arroyo para transformarse en caudaloso río, o, maldita suerte esa, en la más repugnante y apestosa de las ciénagas. Aunque no lo parezca a primera vista, todo esto tiene mucho que ver con esa valiente afirmación, más arriba consignada, de que simplemente no es posible describir un paisaje y, por extensión, cualquier otra cosa. En boca de una persona de confianza que, por lo que parece, conoce los lugares tal como se nos presentan en las diversas estaciones del año, tales palabras dan que pensar. Si esa persona, con su honestidad y su saber hecho de experiencia, dice que no se puede describir lo que los ojos ven, traduciéndolo en palabras, nieve sea o florido vergel, cómo podrá atreverse a tal alguien que nunca en su vida atravesó el paso de brenner y ni en sueños en aquel siglo dieciséis, cuando faltaban autopistas y los puestos de abastecimiento de gasolina, croquetas y tazas de café, además de un motel para pasar la noche bien confortable, cuando aquí fuera ruge la tempestad y un elefante perdido suelta el más angustioso de los barritos. No estuvimos allí, nos guiamos sólo por informaciones, y quién sabe lo que éstas valen, por ejemplo, un viejo grabado, sólo respetable por su edad provecta y por el dibujo ingenuo, muestra un elefante del ejército de aníbal despeñándose por una quebrada, cuando lo cierto es que durante la trabajosa travesía de los alpes que realizó el ejército cartaginés, por lo menos así lo ha confirmado quien de la materia sabe, ningún elefante se perdió. Aquí tampoco se perderá nadie. La caravana continúa compacta, firme, cualidades que no son menos loables por el hecho de estar fundamentalmente determinadas, como ya quedó explicado antes, por sentimientos egoístas. Pero hay excepciones. La mayor preocupación de los coraceros, por ejemplo, no tiene nada que ver con la seguridad personal de cada uno, y sí con la de sus caballos, obligados ahora a avanzar sobre un suelo resbaladizo, de hielo duro, gris azulado, donde un metacarpo partido tendría la más fatal consecuencia. Hasta este momento, el milagro perpetrado por solimán a las puertas de la basílica de san antonio en padua, por mucho que le pese al todavía empedernido luteranismo del archiduque maximiliano segundo de austria, ha protegido la caravana, no sólo a los poderosos que van en ella, sino también a la gente corriente, lo que prueba, si todavía fuera necesaria la demostración, las raras y excelentes virtudes taumatúrgicas del santo, fernando de bulhões, en el mundo, que dos ciudades, lisboa y padua, se vienen disputando desde hace siglos, bastante proforma, dígase, porque ya está claro para todos que fue padua la que acabó alzándose con el pendón de la victoria, mientras lisboa se tuvo que contentar con las marchas populares de los barrios, el vino tinto y la sardina asada en las brasas, además de los globos y de las macetas de albahaca. No basta saber cómo y dónde nació fernando de bulhões, hay que esperar para ver cómo y dónde morirá san antonio.

Sigue nevando y, disculpen la vulgaridad de la expresión, hace un frío que pela. El suelo conviene pisarlo con mil y un cuidados por culpa del maldito hielo, pero, aunque las montañas no se hayan acabado, parece que los pulmones comienzan a respirar mejor, con otro desahogo, libres de la extraña opresión que baja de las alturas inaccesibles. La próxima ciudad es innsbruck, en la margen del río inn, y, si el archiduque no se ha arrepentido de la idea comunicada al intendente cuando aún estaba en bressanone, gran parte de la distancia que nos separa de viena será recorrida en barco, navegación fluvial, por tanto, bajando la corriente, primero por el inn, hasta passau, y después por el danubio, ríos de gran caudal, en particular el danubio, al que en austria llaman donau. Es más que probable que acabemos disfrutando de un viaje tranquilo, como tranquila fue la estancia de dos semanas en bressanone, en que no sucedió nada que fuera digno de nota, ningún episodio burlesco para narrar al amor de la lumbre, ninguna historia de fantasmas para contar a los nietos, y por eso la gente se sintió afortunada como poquísimas veces, todos a salvo en la posada am hohen feld, la familia lejos, las preocupaciones pospuestas, los acreedores disimulando la impaciencia, ninguna carta comprometedora caída en manos indebidas, en fin, el porvenir, como los antiguos decían, y creían, sólo a dios pertenece, vivamos nosotros el día de hoy, que del mañana nunca se sabe. La alteración del itinerario no se debe a un capricho del archiduque, aunque se han incluido en dicho itinerario dos visitas por razones de cortesía, pero también de alta política centroeuropea, la primera en wasserburg, al duque de baviera, la segunda, más prolongada, en müldhorf, al duque ernst de baviera, administrador del arzobispado de salzburgo. Volviendo a los caminos, es verdad que la carretera de innsbruck a viena es relativamente cómoda, sin catastróficos accidentes orográficos como fueron los alpes y, si no va en línea recta, por lo menos está bastante segura de hasta dónde quiere llegar. Sin embargo, la ventaja de los ríos es que son como carreteras andantes, van por su pie, especialmente éstos, con sus poderosos caudales. El más beneficiado con el cambio es solimán que, para beber, sólo tiene que acercarse a la borda de la balsa, meter la trompa en el agua y aspirar. Pese a eso, no estaría contento si pudiera saber que un cronista de la ciudad ribereña de hall, poco más adelante de innsbruck, un escriba cualquiera de nombre franz schweyger, escribirá, Maximiliano regresó en esplendor de españa trayendo también un elefante que tiene doce pies de altura, siendo de color de ratón. La rectificación de solimán, por lo que de él conocemos, sería rápida, directa e incisiva, No es el elefante el que tiene color de ratón, es el ratón el que tiene color de elefante. Y añadiría, Más respeto, por favor.

Balanceándose al ritmo del paso de solimán, fritz limpia la nieve que lleva incrustada en las cejas y piensa en lo que será su futuro en viena, cornaca es, cornaca seguirá siendo, nunca podría ser otra cosa, pero el recuerdo de lo que fue su tiempo en lisboa, olvidado de todo el mundo después de haber sido motivo de júbilo del populacho, incluyendo a los hidalgos de la corte que, en rigor, populacho son igualmente, le hace preguntarse a sí mismo si también en viena lo meterán en una empalizada con el elefante, pudriéndose. Algo tendrá que sucedernos, salomón, dijo, este viaje ha sido sólo un intervalo, y ya ahora agradece que el cornaca subhro te haya restituido tu verdadero nombre, buena o mala, tendrás la vida para la que naciste y de la que no podrás huir, pero yo no nací para ser cornaca, en realidad ningún hombre nace para ser cornaca aunque no se le abra otra puerta en toda su existencia, en el fondo soy una especie de parásito tuyo, un piojo perdido entre las cerdas de tu lomo, supongo que no viviré tanto tiempo como tú, las vidas de los hombres son cortas comparadas con las de los elefantes, eso es sabido, me pregunto qué será de ti no estando yo en el mundo, llamarán a otro cornaca, claro, alguien tendrá que cuidar de solimán, quizá la archiduquesa se ofrezca, tendría su gracia, una archiduquesa sirviendo a un elefante, o uno de los príncipes cuando hayan crecido, de una manera u otra, querido amigo, siempre tendrás un porvenir garantizado, yo no, yo soy el cornaca, un parásito, un apéndice.

Cansados de tan larga caminata, llegamos a innsbruck en la fecha señalada en el calendario católico, el día de reyes, siendo el año mil quinientos cincuenta y dos. La fiesta fue sonada como era de esperar en la primera gran ciudad austriaca que recibía al archiduque. Que ya no se sabe muy bien si los aplausos son para él o para el elefante, pero eso le importa poco al futuro emperador para quien solimán es, aparte de otras cosas, un instrumento político de primera grandeza, cuya importancia nunca podría ser aceptada por ridículos celos. El éxito de los encuentros en wasserburg y en müldhorf algo deberá a la presencia de un animal hasta ahora desconocido en austria, como si maximiliano segundo lo hubiera hecho salir de la nada para satisfacción de sus súbditos, desde los más humildes a los principales. Esta parte final del viaje del elefante constituirá, toda ella, un clamor de constante júbilo que pasará de una ciudad a otra como un reguero de pólvora, además de ser un motivo de inspiración para que los artistas y los poetas de cada lugar de paso se esmeren en pinturas y grabados, en medallas conmemorativas, en inscripciones poéticas como las del conocido humanista caspar bruschius, destinadas al ayuntamiento de linz. Y, por hablar de linz, donde la caravana abandonará barcos, botes y balsas para hacer lo que falta de camino, es natural que alguien quiera que le digan por qué no continuó el archiduque usando la cómoda vía fluvial, puesto que el mismo danubio que los trajo a linz también podría llevarlos a viena. Pensar así es ingenuidad, o, en el peor de los casos, desconocer o no comprender la importancia de una publicidad bien orientada en la vida de las naciones en general y en la política y otros comercios en particular. Imaginemos que el archiduque maximiliano de austria cometía el error de desembarcar en el puerto fluvial de viena, sí, oyeron bien, en el puerto fluvial de viena. Ora bien, los puertos, sean grandes o pequeños, de río o de mar, nunca se han distinguido por el orden y por el aseo, y cuando casualmente se nos presentan bajo una apariencia de normalidad organizada conviene saber que eso es sólo una de las innumerables y no pocas contradictorias imágenes del caos. Imaginemos al archiduque desembarcando con toda su caravana, incluyendo un elefante, en un muelle atestado de contenedores, sacos de todo tipo, fardos de esto y de aquello, en medio de basura, con la multitud entorpeciendo, dígannos cómo podría abrirse camino hasta llegar a las avenidas nuevas y ahí preparar el desfile. Sería una triste entrada después de más de tres años de ausencia. No será así. En müldhorf el archiduque dará órdenes a su intendente para comenzar a elaborar un programa de recepción en viena a la altura del acontecimiento, o de los acontecimientos, en primer lugar, como es obvio, la llegada de su persona y de la archiduquesa, en segundo lugar la de ese prodigio de la naturaleza que es el elefante solimán, que deslumbrará a los vieneses tal como ya deslumbró a cuantos le pusieron los ojos encima en portugal, españa e italia, que, hablando con justicia, no son propiamente países bárbaros. Correos a caballo partieron hacia viena con instrucciones para el burgomaestre en las que se expresaba el deseo del archiduque de ver retribuido en los corazones y en las calles todo el amor que él y la archiduquesa dedicaban a la ciudad. Al buen entendedor hasta media palabra le sobra. Otras instrucciones fueron transmitidas, éstas para uso interno, que se referían a la conveniencia de aprovechar la navegación por el inn y por el danubio para proceder a un lavado general de personas y animales, que, no pudiendo, por razones comprensibles, incluir baños en las aguas heladas, tendría que ser mínimamente efectivo. A los archiduques les era fornecida todas las mañanas una buena cantidad de agua caliente para sus abluciones, lo que llevó a algunos en la caravana, más preocupados por su higiene personal, a murmurar con un suspiro de pesar, Si yo fuese archiduque. No querían el poder que el archiduque tenía en sus manos, es posible que ni siquiera supieran qué hacer con él, sólo querían el agua caliente, sobre cuya utilidad no parecían tener dudas.

Cuando desembarcó en linz, el archiduque ya llevaba ideas muy claras acerca de la nueva manera de organizar la caravana para recibir los mejores provechos posibles, en particular en lo que se refería a los efectos psicológicos de su regreso en el ánimo de la población de viena, cabeza del reino y, por tanto, sede de la más aguda sensibilidad política. Los coraceros, hasta entonces divididos en vanguardia y retaguardia, se constituirán en una formación única, abriendo paso a la caravana. Después vendrá el elefante, lo que, tenemos que reconocerlo, era una jugada estratégica digna de un alekhine, sobre todo cuando no tardaremos en saber que el coche del archiduque sólo ocupará el tercer lugar en esta secuencia. El objetivo era claro, dar el máximo protagonismo a solimán, lo que tenía todo el sentido del mundo, pues archiduques de austria se habían conocido antes en viena, mientras que en materia de elefantes éste era el primero. De linz a viena van treinta y dos leguas, habiendo previsto dos paradas intermedias, una en melk y otra en la ciudad de amstetten, donde dormirán, pequeñas etapas con las que se pretende que la caravana pueda entrar en viena en razonable estado de frescura física. El tiempo no está de rosas, la nieve sigue cayendo y el viento no perdió aquel hilo que corta, pero, comparado con los puertos de isarco y de brenner, esta carretera bien podría semejarse a la del paraíso, aunque sea dudoso que en aquel celeste lugar existan carreteras, puesto que las almas, apenas cumplen las formalidades de acceso, son inmediatamente dotadas de un par de alas, único medio de locomoción allí autorizado. Después de amstetten no habrá otro descanso. La gente de las aldeas bajó toda al camino para ver al archiduque y se encontró con un animal del que habían oído hablar vagamente y que provocaba las curiosidades más justificadas y las más absurdas explicaciones, como le sucedió a aquel jovencito que, habiéndole preguntado al abuelo por qué se llamaba elefante el elefante, recibió como respuesta que era porque tenía trompa. Un austriaco, incluso perteneciendo a las clases populares, no es una persona como cualquier otra, siempre tiene que saber todo lo que haya para saber. Otra idea que nació entre esta buena gente, así con este aire de protección solemos decirlo, fue que en el país de donde el elefante procede todas las personas poseían uno, como aquí un caballo, una mula, o más frecuentemente un burro, y que todas eran bastante ricas como para poder alimentar un animal de ese tamaño. La prueba de que así era la tuvieron cuando se necesitó parar en medio del camino para darle de comer a solimán que, por una razón desconocida, torció la nariz en el desayuno. Se le juntó alrededor una pequeña multitud asombrada por la rapidez con que el elefante, ayudado de la trompa, se metía en la boca y engullía los haces de paja después de haberles dado dos vueltas entre unos poderosos molares que, no pudiendo ser vistos desde fuera, fácilmente se imaginaban. A medida que se aproximaban a viena se iba notando, poco a poco, una cierta mejoría en el estado del tiempo. Nada extraordinario, las nubes seguían bajas, pero había dejado de nevar. Alguien dijo, Si esto sigue así, llegaremos a viena con el cielo descubierto y el sol brillando. No sería exactamente de esa manera, sin embargo, otro gallo habría cantado en este viaje si la meteorología general hubiera seguido el ejemplo de esta que será conocida un día por la ciudad del vals. De vez en cuando la caravana era obligada a parar porque los aldeanos y las aldeanas de los alrededores querían mostrar sus habilidades de canto y danza, los cuales agradaban especialmente a la archiduquesa cuya satisfacción el archiduque compartía de una manera benevolente, casi paternal, que correspondía a un pensamiento muy común, entonces y siempre, Qué se va a hacer, las mujeres son así. Las torres y las cúpulas de viena ya estaban en el horizonte, las puertas de la ciudad abiertas de par en par, y la gente en las calles y en las plazas, vistiendo sus mejores galas en honor de los archiduques. Había sido así en valladolid cuando la llegada del elefante, pero los pueblos ibéricos por cualquier cosa se ponen contentos, son como niños. Aquí, en viena de austria, se cultivan la disciplina y el orden, hay algo de teutón en esta educación, como el futuro se encargará de explicar mejor. Viene entrando en la ciudad la máxima expresión de la autoridad pública y un sentimiento de respeto y acatamiento incondicional es lo que prevalece entre la población. La vida, sin embargo, tiene muchas cartas en la baraja y no es infrecuente que las juegue cuando menos se espera. Iba el elefante con su paso medido, sin prisa, el paso de quien sabe que para llegar no siempre es necesario correr. De repente, una niña de unos cinco años, se supo más tarde que ésta era su edad, que asistía con los padres al desfile del cortejo, se soltó de la mano de la madre y corrió hacia el elefante. Un grito de susto salió de la garganta de cuantos se dieron cuenta de la tragedia que se preparaba, las patas del animal derribando y aplastando el pobre cuerpecito, el regreso del archiduque señalado por una desgracia, un luto, una terrible mancha de sangre en el escudo de armas de la ciudad. Era no conocer a salomón. Enlazó con la trompa el cuerpo de la niña como si la abrazase y la levantó en el aire como una nueva bandera, la de una vida salvada en el último instante, cuando ya se perdía. Los padres de la niña, llorando, corrieron hasta salomón y recibieron en los brazos a la hija recuperada, resucitada, mientras todo el mundo aplaudía, no pocos deshaciéndose en lágrimas de incontenida emoción, algunos diciendo que aquello había sido un milagro, y eso sin saber aquel que salomón había cometido en padua, arrodillándose a la puerta de la basílica de san antonio. Como si todavía le faltara algo al desenlace del dramático lance al que acabamos de asistir, se vio al archiduque bajar del coche, darle la mano a la archiduquesa para ayudarla a bajar también, y los dos, juntos, con las manos entrelazadas, se dirigieron hasta el elefante, que las personas seguían rodeando y festejando como el héroe de ese día y que lo será por mucho tiempo más, pues la historia del elefante que en viena salvó de muerte cierta a una niña será contada mil veces, ampliada otras tantas, hasta hoy. Cuando las personas se den cuenta de la aproximación de los archiduques se hará silencio y se abrirá paso. La conmoción era visible en muchos de esos rostros, todavía había algunos que se enjugaban con dificultad las últimas lágrimas. Fritz había bajado del elefante y esperaba. El archiduque se paró ante él, lo miró a los ojos. Fritz bajó la cabeza y encontró ante sí la mano derecha, abierta y expectante, del archiduque, Señor, no me atrevo, dijo, y mostró sus propias manos, sucias por los continuos contactos con la piel del elefante, que, pese a todo, era el más limpio de los dos, dado que fritz ya perdió la memoria de lo que es un baño general y solimán no puede ver un charco de agua sin que corra a revolcarse en él. Como el archiduque no retiraba la mano, fritz no tuvo otra solución que tocarla con la suya, la piel gruesa y callosa de un cornaca y la piel fina y delicada de quien ni siquiera se viste con sus propias manos. Entonces el archiduque dijo, Te agradezco que hayas evitado una tragedia, Yo no he hecho nada, mi señor, los méritos son todos de solimán, Así habrá sido, pero imagino que en algo has ayudado, Hice lo que pude, mi señor, para eso soy el cornaca, Si todo el mundo hiciera lo que puede, el mundo sería, con certeza, mejor, Basta que vuestra alteza lo diga para que ya sea verdad, Estás perdonado, no necesitas lisonjearme, Gracias, mi señor, Que seas bienvenido a viena y que viena te merezca a ti y a solimán, aquí seréis felices. Y con estas palabras el archiduque se retiró al coche llevando a la archiduquesa de la mano. La hija de carlos quinto está embarazada otra vez.

El elefante murió casi dos años después, otra vez invierno, en el último mes de mil quinientos cincuenta y tres. La causa de la muerte no llegó a ser conocida, todavía no eran tiempos de análisis de sangre, radiografías de tórax, endoscopias, resonancias magnéticas y otras observaciones que hoy son el pan de cada día para los humanos, no tanto para los animales, que simplemente mueren sin una enfermera que les ponga la mano en la frente. Aparte de haberlo desollado, a salomón le cortaron las patas delanteras para que, tras las necesarias operaciones de limpieza y curtido, sirvieran de recipientes, a la entrada del palacio, para depositar las varas, los bastones, los paraguas y las sombrillas de verano. Como se ve, a salomón no le valió de nada haberse arrodillado. El cornaca subhro recibió de las manos del intendente la parte de soldada que se le debía, a la que se le añadió, por orden del archiduque, una propina bastante generosa y, con ese dinero, compró una mula que le sirviera de montura y un burro para llevarle la caja con sus pocos haberes. Anunció que volvería a Lisboa, pero no existen noticias de que entrara en el país. O cambió de idea, o murió en el camino.

Semanas después llegó a la corte portuguesa una carta del archiduque. En ella se informaba de que el elefante solimán había muerto, pero que los habitantes de viena nunca lo olvidarían, pues había salvado la vida de una niña en el mismo día en que llegó a la ciudad. El primer lector de la carta fue el secretario de estado pedro de alcáçova carneiro, que se la entregó al rey, al mismo tiempo que decía, Ha muerto salomón, mi señor. Don juan tercero hizo un gesto de sorpresa y una sombra de dolor le cubrió el rostro. Mande llamar a la reina, dijo. Doña catalina no tardó, como si adivinase que la carta traía noticias que le interesaban, tal vez un nacimiento, tal vez una boda. Nacimiento y boda no parecían ser, la cara del marido contaba otra historia. Don juan tercero murmuró, Dice aquí el primo maximiliano que salomón. La reina no lo dejó acabar, No quiero saberlo, gritó, no quiero saberlo. Y corrió a encerrarse en su cámara, donde lloró el resto del día.

Lanzarote, agosto de 2008

Si Gilda Lopes Encarnação no hubiera sido lectora de portugués en la Universidad de Salzburgo, si yo no hubiera sido invitado para hablarles a los alumnos, si Gilda no hubiera organizado una cena en el restaurante El Elefante, este libro no existiría. Fue necesario que los ignotos hados se dieran cita en la ciudad de Mozart para que este escritor pudiera preguntar: «¿Qué figuras son ésas?». Las figuras eran unas pequeñas esculturas de madera puestas en fila, la primera de ellas, de derecha a izquierda, era la Torre de Belén de Lisboa. Venían a continuación representaciones de varios edificios y monumentos europeos que manifiestamente anunciaban un itinerario. Me dijeron que se trataba del viaje de un elefante que, en el siglo XVI, exactamente en 1551, siendo rey Juan III, fue conducido desde Lisboa hasta Viena. Presentí que ahí podía haber una historia y se lo hice saber a Gilda Lopes Encarnação. Ella consideró que sí, o que tal vez, y mostró su disposición para ayudarme a obtener la indispensable información histórica. El libro que resultó está aquí y debe mucho, muchísimo, a mi providencial compañera de mesa, a quien le manifiesto públicamente mi profundo agradecimiento y también la expresión de mi estima y de mi mayor respeto.

JOSÉ SARAMAGO